核心素养下体育专业课程设计研究

褚 婷◎著

吉林出版集团股份有限公司
全国百佳图书出版单位

图书在版编目（CIP）数据

核心素养下体育专业课程设计研究 / 褚婷著. -- 长春 : 吉林出版集团股份有限公司, 2022.9
ISBN 978-7-5731-2134-9

Ⅰ.①核… Ⅱ.①褚… Ⅲ.①体育教育—课程设计—高等学校 Ⅳ.①G807.4

中国版本图书馆CIP数据核字(2022)第162549号

HEXIN SUYANG XIA TIYU ZHUANYE KECHENG SHEJI YANJIU
核心素养下体育专业课程设计研究

著　　者：	褚　婷
责任编辑：	李　冬
封面设计：	雅硕图文
版式设计：	雅硕图文
出　　版：	吉林出版集团股份有限公司
发　　行：	吉林出版集团青少年书刊发行有限公司
地　　址：	吉林省长春市福祉大路5788号
邮政编码：	130118
电　　话：	0431-81629808
印　　刷：	长春市华远印务有限公司
版　　次：	2023年1月第1版
印　　次：	2023年1月第1次印刷
开　　本：	710 mm × 1000 mm　　1/16
印　　张：	11
字　　数：	200千字
书　　号：	ISBN 978-7-5731-2134-9
定　　价：	78.00元

版权所有　翻印必究

内容简介

发展学生核心素养已成为"立德树人"教育根本任务与体育教学改革的理念引领。本书基于学科核心素养的概念与框架体系，阐明了核心素养发展下体育专业课程设计的研究方向及发展现状。全书首先就体育学科核心素养的整体内涵做出论述，而后梳理体育专业课程设计的相关理论，结合体育学科核心素养的培养案例，探讨核心素养下体育专业的课程设置规划，而后相继阐述当前我国高校体育专业课程的发展优化、实践探讨及改革探索等一系列进展。将核心素养理论渗透至体育课程专业课程设计研究中，并结合课程改革探索，对讨论和研究体育专业课程发展的现实路径具有鲜明的指导意义。

目 录

第一章　核心素养的基本内涵 ………………………………………… 1
　第一节　核心素养、体育学科核心素养的概念及关系 …………… 1
　第二节　体育学科核心素养构成要素的界定 ……………………… 6
　第三节　体育学科核心素养的内涵及其生成维度 ………………… 10
　第四节　体育学科核心素养的理论基础及结构要素 ……………… 16
　第五节　体育学科核心素养的研究进展及其启示 ………………… 20

第二章　体育专业课程设计理论梳理 ………………………………… 27
　第一节　体育专业课程教学大纲的探索 …………………………… 27
　第二节　体育专业课程秩序的构成研究 …………………………… 30
　第三节　体育专业课程设计及体系构建 …………………………… 35

第三章　体育学科核心素养的培养设置和构建 ……………………… 42
　第一节　社会体育指导与管理专业核心素养构建 ………………… 42
　第二节　我国体育院校休闲体育专业课程体系构建 ……………… 46
　第三节　基于标准的体育课程设置研究 …………………………… 55
　第四节　基于体育院校休闲体育专业课程设置探讨 ……………… 61
　第五节　基于体育院校社会体育指导与管理专业课程设置的研究 … 65

第四章　核心素养下体育专业课程实践案例 ………………………… 70
　第一节　体育专业类课程线上线下混合教学模式构建 …………… 70

第二节　高校社会体育指导与管理专业课程设置的现状与对策 …… 76
　　第三节　高校休闲体育专业课程设置的现状与对策 …………… 80
　　第四节　高校体育专业学生体育学科核心素养职前培养 ……… 85

第五章　核心素养下体育专业课程发展优化 ……………………… 90
　　第一节　高校社会体育专业课程设置的优化初探 ……………… 90
　　第二节　课程领导理念下的高校社会体育指导与管理专业课程
　　　　　　发展优化 …………………………………………………… 99
　　第三节　基于核心素养视域下社会体育指导与管理实践教学
　　　　　　优化研究 ………………………………………………… 106
　　第四节　基于核心素养视域下社会体育指导与管理人才培养
　　　　　　优化研究 ………………………………………………… 115

第六章　核心素养下体育专业课程改革探索 …………………… 124
　　第一节　影响体育教育专业课程改革的课程理念 …………… 124
　　第二节　新形势下高校社会体育专业的改革与发展 ………… 136
　　第三节　休闲体育专业人才培养的问题与改革探索 ………… 141
　　第四节　新时代我国社会体育指导与管理专业发展的机遇与挑战 … 150

参考文献 ……………………………………………………………… 161

第一章 核心素养的基本内涵

核心素养是学习过程中个体所获得的态度、情感、知识、技能等的集合，其概念偏重于学科意义；以体育素养为基础的核心素养，以适应终身发展和未来社会生活需要的个性为中心，以身体健康、体育技能、体育社会情操为基础，是每个公民都应具备的体育核心素养；体育学科核心素养，是在学生学习相关知识和相关体育学科的过程中形成的，作为适应个人终身发展和社会发展需要的关键核心素养，灌输体育的技能和习惯、健康知识与行为、体育素质与情感作为学生必备的基本核心素养；核心素养引领体育核心素养，是体育核心素养的重要支撑，体育学科核心素养是从体育核心素养转化而来的，体育学科核心素养、体育核心素养探索不同研究对象，但归根到底追求的是同一目标。

第一节 核心素养、体育学科核心素养的概念及关系

核心素养是当前课程和体育领域研究的热点。由于核心素养研究的现状，体育界对核心素养的讨论和研究成果较少，相关成果主要集中在其他学科。在提出核心素养之后，在最高水平上设计核心素养的教育理念导致了对学生体育和核心素养的研究增加。"核心素养""体育核心素养"和"体育学科核心素养"等热门词汇日益突出，给体育研究者带来了一些误导和困惑，不利于体育研究的发展和学生基本素质的培养。因此，无论是从教育理论角度还是从学科教育的运作角度，研究"核心素养""体育核心素养"和"体育学科核

心素养"的概念都显得尤为必要，这有助于澄清每个概念的内涵和范围，以及概念之间的关系。

一、核心素养的概念

1997年，经济合作与发展组织（OECD，以下简称经合组织）启动的"素养的界定与遴选：理论和概念基础"项目最早开始研究核心素养。"核心素养是指促进多个生活领域健康生活，培养健全社会的重要素养。"欧洲联盟（EU，以下简称欧盟）的一份研究报告认为，核心素养是在知识社会中实现自我价值、使人融入社会所必需的素养，包含根据个人发展和社会发展的需要而进行的母语交际、外语交际等8个核心素养。2013年，联合国教育、科学及文化组织（UNESCO，以下简称联合国教科文组织）发表的"全球学习领域框架"报告书中将核心素养分为身体健康、社会感情、文化艺术、语言交流等7个一级指标。从这些关联定义中的"社会适应""健康生活""知识技能"等关键词中，明确提出根据核心素养理念来培养怎样的人。

"中国学生发展核心素养"强调，学生发展的基本素养主要是学生应该具备的、能够满足长期发展和社会发展需要的必备素质和关键技能。中国学生发展的六大基本素养是人文基础、科学精神、学会学习、健康生活、责任感和实践创新。无论是基本素养内容的国际界定，还是中国学生基本素养发展的框架设计，基本素养的内容都是一个多元化的中心结构。

我国教育有关核心素养的研究已日渐成熟。核心素养是指学生接受学校教育后逐渐具备的解决问题的能力和素质。这是学生在接受教育的不同阶段，逐渐形成的适应个人生活发展和社会需求的必要品格和核心能力。经合组织、联合国教科文组织、欧盟等机构和学者对核心素养的讨论大致集中在两个方面：一是一般意义上的核心素养，即个人在社会中应具备的核心素养；另一个是学科意义上的核心素养，即通过学科教育培养学生的核心素养，并将其落实到一般意义上的核心素养中。根据目前基本素质的讨论，总结核心素养，是在接受教育过程中逐渐形成的综合技能形式，是知识、技能、感情和态度的综合。

二、体育核心素养的概念与构成

（一）体育核心素养的概念

明确体育素养与体育核心素养的关系是研究体育核心素养的基础。体育素养是由英国学者M.怀特黑德（M.Whitehead）在1993年的国际妇女体育教育会议上提出的。她认为，体育素养是指在生活中保持足够的体育活动动机、体育活动能力、理解力、自信和知识水平[①]。

随着素质教育的推进，体育界对体育文化的认识逐渐加深和丰富。体育素养的要素包括体育知识、体育技能、体育素质和体育个性。主要表现在身体（体质和运动能力）和精神（品德、意识等）两方面，因此关于体育素养的主要讨论，集中在体育运动在个人从事体育运动时，主动赋予个人的价值作用上。目前，体育界对体育核心素养的概念还没有统一的认识。

有学者认为，以体育素养为基础的体育核心素养，重点在于培养个人终身发展和社会生活所需的基本技能，功能价值是体育素养的精髓。"核心"中体育核心的本质，意味着它不具备普遍性、群众性，而是核心的关键所在，核心必须是最实用、最关键、最稳定的核心，与个体的成长相伴、终身受益。

（二）体育核心素养的构成

在明确体育素养和体育核心素养的基础上，有必要更多地了解体育核心素养的构成，从体育的整体素养中，可以选择核心要素作为学科核心素养，不断服务于个人发展和社会需求，帮助公民获得或掌握基本体育技能。为了明确什么是体育核心素养，首先必须分析其本质、作用和功能，这是分析体育核心素养基本要素的中心来源。与其他实践活动相比，体育不仅具有共同的认知价值，而且对成人也具有价值。个人从事体育运动，掌握体育项目基本知识，锻炼体质，促进健康成长，从而实现人的终身幸福。从体育的性质和理念作为逻辑出发点，研究发现，体育运动中的身体健康、运动技能、体育社会情感是每

---

① 陈思同，刘阳.加拿大体育素养测评研究及启示[J].体育科学，2016，36（3）：44-51.

个公民体育运动的基础。

1. 身体健康

身体素质一般包括生理功能、身体形态、运动素质等。健康包括人的身心健康及其社会适应。从宏观上看，身体健康是健康的基础，没有身体作为载体，就无法实现心理健康和社会适应的目标。体育作为促进健康和改善人的体质的一种手段，在现代生活中对人的发展起着重要作用，一方面人们通过定期的体育锻炼来发展体育，也能改善人的健康状况；另一方面，体育应作为保障人们心理健康和社会适应的手段。因此，身体健康范畴是体育本质认知的重要方向，其结构应以身体状况和健康状况为基础，这既是个体发展的前提，也是人的身体目标。

2. 运动技能

无论是提高体育技能还是改善身心健康，都需要掌握一定的体育运动技能，这是体育运动的基本属性之一。要通过体育锻炼人，就必须掌握体育技能或技术，社会体育不是为取得胜利而设计的技能，从事体育运动所需的锻炼技能要求并不高，人们基本可以熟练掌握并运用。体育核心的构成也应建立在能够掌握多个体育技能的基础上，这样不仅能积极参与体育运动，还能促进生活的稳定。因此，掌握体育核心素养是形成基础体育教育的必要条件，以及其他能够成为关键和支撑的技能，没有体育技能的支撑，就不可能实现身体健康的目标。

3. 体育社会情感

一个人的情感生活不可或缺，人们与体育的互动导致了体育中社会情感的产生：首先，体育成为当今社会个人情感反应的对象，其特点是紧张和快速，宣泄了人们的情感活动；其次，体育是一种重要的感情交流形式，其特点是真正的身体对话，也可被视为"运动的情感消耗"；最后，体育起到了情感社会支持的作用，当参与者投入团结、信任和爱心时，参与体育文化活动可以提供双方基于共同价值观的、最直接的情感支持和真正的情感互动。因此，体育社会情感在人的发展中起着重要的作用，人们应当具备这种体育核心素养。

三、体育学科核心素养的概念与构成

（一）体育学科核心素养的概念

从宏观上讲，学科素养是学习者根据学科学习所需的能力、技能和知识来评价和解决与学科有关的问题的能力；在微观层面上，学科素养与任何学科都有具体的关系，可以说，学生在学科的学习过程中逐渐形成的基础知识、技能即是学科素养。学科素养是学生在学校课程中某一学科的学习过程中，以及在不同学习阶段的学习过程中，取得的最重要、最持久、最实际的素养和能力。换句话说，学科核心素养是将核心知识转化为具体学科的具体行动，体现了学科的价值。

对于体育学科核心素养的概念，目前还没有统一的看法。有学者认为，体育学科的核心素养在于对体育的研究，即学生能够掌握和形成持续体育教育所需的体育意识和素质、体育能力和健康习惯、知识和行为；从运动能力、健康行为和体育道德等方面对体育学科核心素养的结构体系进行了研究，根据体育教育的目的和本质确定了体育核心素养。总的来说，体育学科核心素养是学生在相关学习场地的体育教学过程中形成的关键素质和能力，是适应个人和社会终身发展的需要。

（二）体育学科核心素养的构成

目前对体育学科核心素养，人们已有普遍的了解，但目前尚不清楚体育学科核心素养的构成要素，即体育运动的基本知识是什么。体育学科核心素养的精髓在于，"核心"一词的意思不具有普遍性、群众性，而是体育学科固有的关键、本质，它最能体现体育学科的价值。基于目前对体育基学科核心素养的构成没有固定理论，对核心素养的研究也尚处于初级阶段，研究者从学校体育教育的目标出发，并考虑到体育领域学科的特殊性，提出运用"中国学生发展核心素养"中的六项基本原则和十八项基本内容，从体育（表现为体育和健康教育、体育教育、体育技能、体育道德、体育个性、体育兴趣和习惯）中进行相应的选择，并在体育中增加感情、价值、行为和其他技能，体育学科核心

素养的内容初步形成。因此，从学校体育教育的目标出发，并结合体育相关学科的特殊性，以"中国学生发展核心素养"国家计划为依据，以运动技能和习惯、健康知识和行为、体育品德和情感为重要指标；运动技能、运动习惯、健康知识、健康行为、体育品德、体育情感等为次级指标，论述如下。

1. 运动技能和习惯

体育项目是体育学科教学的一种手段，其核心是培养所有的技能、知识、感情和获得所有的技能。在小学、中学及大专院校接受体育训练的学生，必须从本身的兴趣出发，掌握2~3项体育技能，并能认识到体育训练的方法和规律，而体育训练必须由学生自身发展和掌握，这正是体育的学科核心素养。诚然，由于学生身心发展的特殊性，体育学科所教授的内容和教学方法并无分别，但体育学科和学校体育教育的最终目标是一致的，即让体育教育能够不断深入学生的日常生活，培养他们体育运动的习惯，并形成良好生活的稳定性和韧劲，使他们毕业以后依然能够积极参与体育活动。

2. 健康知识和行为

首先，学校体育不仅是获得体育技能的场所，也是向学生灌输基本医疗卫生知识，培养学生良好行为技能的场所。这些通用知识，在学生转为成人后终身参与体育活动的过程中，仍然发挥着重要作用。其次，培养科学锻炼、强身健体、健康的生活方式、平衡的饮食习惯，比如说，学生知道如何正确地开展运动，知道如何调节自己的运动时间，懂得在运动过程中如何补水、补充能量，这些都是重要的体育技能，也是体育学科的核心素养所在。

3. 体育品德和情感

在核心素养的理念下，传递体育知识、技能和方法不仅是体育教学的任务之一，更重要的是，通过体育教学作为丰富学生情感体验的手段，也就是说，通过体育教学来培养学生的情感体验。通过体育教学，让学生感受团队合作、成功的喜悦，培养学生良好的心态和积极的体育态度，使体育课成为走向社会的"问路石"。体育学科在学生的行为和情感教育方面不同于其他学科，它的开放性、互动性、可对话性等特点都表现在体育活动中。现代社会的发展要求通过体育教育，把体育作为培养学生"社会性"的手段，表现为培养学生的主动性和创造性、互助性、纪律性、集体荣誉感，这是学生在学校发展体育运动的必要核心素养。

四、核心素养、体育核心素养、体育学科核心素养之间的关系

（一）核心素养统领体育核心素养

核心素养的理念是培养人的高等教育理念，它决定了个人必须具备的基本技能。核心素养是以学科为主体培育的核心，其观念内涵和外向性远大于学科核心素养、体育核心素养作为实现个体发展的关键要素，充分发挥其价值和功能。核心素养的研究指向人的发展，换句话说，人的发展包含了许多复杂的要素，人可以适应社会，发展个人终身发展的能力，实现自己的价值观，从而实现发展的最大个性化。体育作为一种社会文化活动，应为培养基本的人的核心素养作出贡献，如国家在培养中国学生核心素养方面作为健康生活方式的顶层要素之一，明确相应的体育技能和方法，以及自身防护和安全的意识，体育作为个人发展的重要引领的责任是显而易见的。因此，作为一项高层次的育人工程，体育核心素养为人的核心素养的发展指明了方向，且提供了一定的保障。

（二）体育核心素养是核心素养的重要组成部分

核心素养是个体和谐融入社会发展、满足幸福生活的需要，体育学科素养是核心素养的重要组成部分。身体健康、运动技能和体育社会情感是个体应具备的体育核心素养，三者与个体核心素养的发展密切相关，相辅相成。核心素养的目的不仅仅是促进个人生活的成功，良好的体质也是人们走向成功的承载和基础。没有良好的身体作为保证，其他品质也就无法实现。因此，体育核心素养应是个人应具备的重要素质，不仅丰富了核心素质的内涵，而且对实现人的核心素养的培养起着支撑作用。

（三）体育学科核心素养是核心素养在体育学科的具体体现

学校课程中的体育课程应充分强调学科的教育效果，有助于学生核心素养的发展。培养学生的核心素养需要跨学科或多学科的整合。这里需要说明的

是，培养学生的体育学科核心素养，是指学生通过学习不同阶段的体育课程，逐步形成具有本学科特点的成就和技能。例如，前文介绍了体育学科的核心素养，如运动技能和习惯、健康知识和行为。通过对体育课程的学习，使学生掌握2~3项体育技能，养成体育锻炼习惯，体育教师在课堂教学中以体育为载体，引导学生实现基本的体育核心素养，通过整合策略、方法或教学方法，培养学生的情绪和健康行为，实现学生核心素养发展与体育学科核心素养发展的互动。

（四）体育核心素养与体育学科核心素养的研究对象不同，但终极追求是一致的

体育运动的核心素养集中于社会发展中的个人。体育核心素养必须是每个人或每个公民都需要具备的要素。这些品质可以确保个人的可持续发展，为追求健康积极的生活服务。例如，每个公民都应该具备体育参与的素养，才能不断地参加体育锻炼活动，这是体育的基本素养，关注的是个人一生的健康。体育学科核心素养的重点是学校中的学生群体，它倾向于该学科的教育价值，反映学科教育的效果，即通过学校教育不同阶段的体育课程，学生可以获得具有体育特色的学科核心素养。虽然二者关注的对象不同，但研究体育核心素养与体育学科核心素养的终极追求是一致的，即实现人的全面发展。作为教育中的个体，学生最终会离开学校走向社会。在学校教育中培养的体育学科核心素养也将取决于学生实现社会化价值。随着学生角色的转变，体育学科核心素养将潜移默化地塑造培养个体。它是适应社会发展和需要的体育教育的核心素养。两者的培养目的和方向是相同的。

第二节 体育学科核心素养构成要素的界定

一、体育学科核心素养构成要素的选取思路

将学科结构理论确定为体育学科核心素养研究的基本理论后，可以根据

学科结构理论的基本要求，系统地研究体育学科核心素养的结构要素及其相互关系。

在选择体育学科核心素养构成要素方面，根据学科结构理论中"过程—结构"的建设性要求，通过梳理、研究国内外现状和相关经验，事实证明，不同的国际组织、国家或地区根据各自的社会现实和体育学校学科特点，采取了不同的研究思路。

一是自上而下，通常由研究团队或项目团队牵头，以理论研究为基础，参考有关文献的经验和分析，提出体育学科核心文献内容的理论构想和框架，并通过深入实践，广泛征求行业内外人士的建议和意见，以修改和提高体育学科核心素养的构成要素。运用自上而下的设计和研究思路，我们可以在短时间内收集各方面的意见，以确定体育基本素养的构成要素。这是一个快速高效的研究思路，但问题是，提前提出的方案可能会影响收集到的意见和决策的质量，甚至涵盖与预选方案外围分离的某些元素和指标。因此，在体育学科中收集的有关核心素养的基础数据不能充分准确地反映意见和建议的方向。

二是自下而上式，主要通过征求家长、学生、体育教师和体育专家的意见，组织和浓缩体育学科基本素养的构成要素。自下而上的设计理念能够更好地反映利益相关者的观点和建议，使体育素养要素的选择更加恰当、合理。然而，缺点是它需要大量的时间和劳动。如果没有相应的资金和研究支持，依靠个人力量很难完成这项工作。

三是综合型，主要集成自上而下和自下而上的方法，有效结合各自的优势。例如，美国、英国、芬兰等国家普遍采用这种方法，能够使研究方案的要素有效地结合。

总体而言，这三种类型的研究和设计思路各有特点。自上而下的研究和设计思路主要采用演绎和推理的方法，自下而上的研究和设计思路主要采用归纳和整理的方法。综合研究设计理念主要吸收自上而下和自下而上的优势，注重对体育学科基本素养的理论水平进行分析，目前，关注各方面的意见和建议是学术环境中流行的研究范式。

二、体育学科核心素养结构要素的界定

依据基础教育改革提出的"立德树人"的基本理念,并根据学科结构理论和访谈研究数据系统分析的原则,本文对体育学科核心素养的四个要素进行了探讨和总结,证明其有效性。体育品德与修养是体育学科核心素养的基础和方向;运动的兴趣及能力反映了对体育学科核心素养的目标和追求;健康行为和习惯反映了学生发展体育学科核心素养的途径和要求;运动品质和意志是培养体育学科核心素养的条件和保证。

(一)体育品德与修养

体育品德和修养始终是学校各学科教学的主要依据,也是按照"立德树人"要求开展新学校教育的重要环节,体现了学科培养优秀人才的共同愿望。体育品德和修养作为体育学科中的基础素养,体现了体育领域育人的导向,是体育教育领域先进设计的重要展示。

在课程改革的背景下,体育品德与修养关系着体育学科育人目标的成败。体育学科的有效教学也是培养符合国家和社会要求的综合性专业人才的重要途径。从体育学科核心素养的基本特征看,体育品德与修养是指学生按照国家标准和对人才发展的期望,按照体育学科育人的特点,在体育学科中形成和表现出良好的、稳定的道德品质,行为规范和技能。体育品德与修养是学生在体育领域学习的结果,可分为认知、塑造、提升和稳定四个阶段。值得注意的是,每一阶段的区分并不严格,主要是基于学生本身对体育的学习,以及学生对自身经验的吸收。

(二)运动兴趣与能力

运动兴趣和能力是体育学科核心素养结构中的关键要素,学生在体育运动中的坚持性和选择性,首先是基于对体育的积极兴趣和一定的体育能力。运动兴趣是学生积极认知和从事体育运动的心理倾向,也是积极参与体育运动的重要基础,是形成体育兴趣的重要保证。形成良好的运动兴趣和能力,使学生有机会享受运动体验,努力积极参与运动学习体验乐趣,并能积极提高运动

技能和技巧，从而获得极大的身心满足感，获得积极的情感感受。帮助学生培养运动兴趣和体育能力是《义务教育体育与健康课程标准（2011年版）》的要求之一，也是提高学生终身体育意识和能力的主要途径。在体育学科核心素养中，运动兴趣和能力必须经历形成、提升和稳定三个阶段，每个阶段都能对学生的体育兴趣和能力产生不同的影响，同时保持学生体育学科基本结构的可靠性和稳定性。

（三）健康行为与习惯

体育课程改革强调通过学校体育活动帮助学生形成健康的行为习惯。在2001年体育方案改革中，体育课程被命名为"体育与健康"，这表明国家重视学生的健康，且体育与健康之间有着密切的关系。在体育学科核心素养的结构中，健康行为和习惯是指在体育、日常生活、体育学科学习过程中形成的与健康相关的正确行为和良好习惯，具有持续性。健康的行为和习惯，简而言之，有助于学生养成健康的生活方式，教导学生如何利用体育运动和体育锻炼，使自己生活得更健康，以满足学生身心发展的需要。形成健康的生活方式和习惯需要三个阶段：认知、形成、完善。每个阶段都与学生的生活条件、体育运动、生活方式和饮食有关。培养健康的行为和习惯可以帮助学生更好地适应社会生活，发展健康的生活方式，对学生的生活也有深远的影响。

（四）运动品质与意志

在体育基础学科中，运动品质和意志意味着学生在学习和体能训练过程中形成了坚定的学习信念、明确的学习目标、良好的自我控制能力、坚持拼搏的精神、在运动中果断的判断力和韧性，以指导其高质量的体育教学，实现高效率和高执行率。培养学生的运动品质和意志，体现在平时的体育学习和生活中，体现在体育课、训练和比赛中。良好的运动品质和意志的形成与克服运动中的困难有关。体育学科核心素养要求学生在学习体育的过程中表现出体育锻炼的意志，努力克服各种内外因素，积极规范自己的体育行为，确定自己的体育教育目标，树立严格的要求和自我监督，增强运动意识，强化学习内在动力，在运动中创造积极的情感体验，使运动课和体育锻炼永远持续下去。培养学生的运动品质和意志也是国家体育课程改革的重要内容，学生缺乏坚定的体育素质和意志，终身体育也就无从实现，学校体育的教学质量和水平也就无从保障。因此，在建立体育学科核心素养的过程中，必须研究学生的运动品质和意志在认知、形成、技能提升等阶段对学生体育学科核心素养形成的意义。

第三节　体育学科核心素养的内涵及其生成维度

体育学科核心素养的研究伴随着体育课程的全面改革，是促进学生自我实现和发展的重要手段。体育学科核心素养与体育学科所固有的育人特征密切相关，其内容反映了体育在跨年龄、跨学校学科育人中所起的中心作用。在学校不同学科的教学活动中，体育学科所承担的育人任务及其所体现的价值观有其特殊性，同时与其他学科保持必要的联系。

体育学科核心素养的内涵研究应以培养学生为目标，促进学生在体育学科教学中的主体作用，这也是体育课程改革取得成功的基础。体育学科的重点是培养和提高学生的能力和健康水平，灌输终身所需的体育技能，以及有效利用体育促进学生的全面发展。体育学科与其他学校学科紧密相连，形成一个平台，确保学生全面发展，使他们真正在体育运动中占有主导地位。

体育学科核心素养内容的研究应将学生的整体发展与课程改革的目标有机地结合起来，确保其连贯性。在这个过程中，体育知识和技能是基础和载体，体育的基本路线可以作为实现目标的激励和手段，这些目标是紧密相连的。通过科学研究学生身心发展规律，寻找合理的体育教学方法和制度，使每个学生都能通过体育锻炼，掌握在运动习惯中正确定位自己的能力，是体育学科核心素养内容研究的要求之一。

一、体育学科核心素养的内涵

体育学科核心素养的培养，是课程改革过程中对体育学科达到体育专业人才培养质量标准的期望。在各国体育项目改革的过程中，根据国内外的研究成果以及体育学科核心素养的现状和实际实施情况，其内涵可以理解为学生成长所必需的道德素质和基本的体育素质和能力。通过阅读解读我国传统文化中丰富的体育思想，借鉴国外先进经验，分析体育课程改革等与教育相关的基础学科，可以有效地本土化和深入理解体育学科核心素养的本质和意义。

二、体育学科核心素养内涵的生成维度

（一）从传统体育文化中发掘

1. 重视德育和道德修养

中国的传统体育文化，强调个性精神及其道德素养、内心气韵要紧密结合，与自然和社会实现高度和谐，具有整体的教育效果。贯穿中国传统体育文化的伦理道德教育，体现在培育和培育人才的过程中，促进道德教育。中国传统的体育运动方式强调"立德"与"修身"并驾齐驱，强调通过自我约束的理念来实现内身修养。将德育放在教育的首位，推动德育净化学生心灵，强调德育与人格发展符合统一的外在标志。因此，培养学生的学科核心素养，不但可使他们更深入了解中国传统文化所带来的道德规范和要求，而且有助于学生在体育运动中达到既定的传统道德要求。对于体育学科的核心素养的形成和培育，中国传统体育文化中产生的道德礼仪和体育习惯，具有重要的借鉴和实践启示意义。良好的道德行为和习惯，体现了体育领域的具体规范和技能，更重要的是，中国传统的体育道德规范必须在体育科学的主流文化中奠定。促进学生形成良好的道德品德，是体育学科核心素养形成道德要求的出发点和理由。

2. 注重包容性、精神和物质平衡

古往今来，"仁爱、尊崇、诚实、奉献、和谐、宽宏大量"等价值观自中国古代流传至今，深入中国社会思潮，对学校教育的影响也可见一斑。传统价值观，其实主要体现在对核心教育的追求上。

与中国的传统价值观相联系，中国人民追求最高精神的境界，除了传统的功利和道德方面，在自然的状态下参与，隐含的核心价值观是"探寻生命的意义，不断发展并完善"的过程。在这种思想的影响下，中国的传统体育文化

不受太多宗教意识的影响，其发展也不偏离辩证现实的道路。由此形成了一种独特的体育文化，其特点是精神追求与体育实践相结合。对精神教育的物质追求，对物质教育的精神追求，它们立足于中国丰富而深刻的民族传统文化，体现在学校体育学科隐性变革的影响之中。具体可以归纳为两个层次。

一是追求人的生命与自然的统一，实现"天人合一"的理想；二是追求以精神教育为核心的意识、精神和物质互动，实现"形神兼备"的高级体验。强调人与自然的融合价值、身体与意识的结合、精神与物质的认同，可以成为体育学科核心素养中传递民族体育文化的绝佳手段。

从精神上讲，我们的传统体育理念把"天人合一"的理想固化下来，把天与人、行与神、身与心、动与静、文与武相整合，作为理解和解释体育运动带来的身体变化的基础。此外，体育学科还强调学科本身所依赖的伦理价值观，以及追求真正的利益，将学生的身心发展与公众意识相结合。

从物质上看，兼容并蓄的要求和特色，从而将体育基础知识纳入中华民族几千年来传统体育文化的精髓之中，有利于提高体育学科主体结构中的文化水平。但同时，在中国传统体育文化中形成的专制观点，可能对体育学科教学实践产生一定的影响。在体育运动方面，虽然教师所面对的所有受众的课堂教学都是公平的，但由于体育学科制度所规定的竞争性质，在课堂上进行体育课教学，必然会出现坚持平等原则的困难。

因此，在研究体育学科核心素养的内涵来源时，也必须正确地找出传统体育文化中的缺陷和不足，并创造条件，将体育的精神和物质方面结合起来，以培养学生必要的体育意识。

3. 重视身体观念，身心合一

身体观念是中国传统体育文化的重要组成部分，以健康生活方式的传统观念为基础，着眼于身体对人格全面发展的意义和价值，这种中国传统文化是身体认知的独特标志。体育是以人的身体改造为目标的一种特殊的体育活动，身体意识反映了人对形象、经验和技能的认识和看法。

中国传统体育文化对学校体育教学大纲和改革具有重要意义。外在面貌和内在心态决定了中国传统体育的发展道路，也为中国学校体育课程和教学理论的发展奠定了传统文化的基础。中国传统的生活方式不仅注重生命的自然状态，也注重人的自然健康状态。这与现代体育基础学科的终极取向相结合，与身体的锻炼和静态教育相结合，补充其自然状态，延续健康的生活方式。注重身体观念，作为体育学科核心素养研究的基础，即体育学科核心素养的基本内涵离不开一定的身体观念，在身心和谐统一的基础上，促进身心的和谐统一，使体育学科核心素养的内涵回归到身体所包含的素养中。

（二）从国际经验比较中推衍

1. 基于知识经济时代需求的体育学科核心素养内涵

进入知识经济时代后，学校教育发生了相应的变化。体育学科的教学方法和过程也适应了知识经济时代的要求。随着体育课程改革的新思路和要求在世界范围内不断涌现，以体育学科核心素养为主题的各类体育活动的大量实例应运而生。在这一过程中，结合知识经济时代的需要，明确界定和理解体育学科核心素养的内涵显得尤为重要。回顾知识经济时代对学校体育学科核心素养发展的要求和憧憬，并指出对体育学科核心素养的认识，应知识经济时代的需要，保持变通和活力，这与全球重视体育领域核心知识内容的研究相一致，以便更系统地向人们介绍体育学科核心素养的主要方向和需求。要想提升对体育学科核心素养的认识，就要对知识经济时代对学校各学科的影响进行总结、分析并发展国际经验，结合我国教育界对体育学科核心素养的独特表述，在明确目标的基础上改进方法，在全面系统的理解和改进的基础上提升理念和优化行动。

2. 培养学生解决体育领域实际问题的能力，是重点关注体育学科核心素养生成的重点

研究体育中的实际问题，提高体育教学的效率和解决问题的能力，是各国体育学科核心素养研究的重点领域之一。体育学科核心素养的形成应依托学生全面发展的过程，与其他学科的教学有机结合，从而努力优化教学效果。在体育教学过程中，学生不仅要面对技术、技能、体力等方面的问题，还要从连贯性和创新性等方面需求不断拓展和优化体育学习。学生在运动中遇到的实际问题往往非常具体，例如如何有效地增强体能，如何增强各种身体耐力的训练

适应力，如何防止意外的身体伤害，等等。

我国提出了在研究学生体育学科学习能力和解决问题的基础上，在适应和完善现有教学目标、体育学科内容的过程中形成体育学科核心素养的思想。当前，重视体育学科核心素养知识内容的形成和研究，高度重视培养学生解决体育学习过程中遇到的实际问题，并为提高学生综合素养提供基础和保障。

3. 灵活性和一致性是延伸体育学科核心素养内涵的基础

正如国际研究的经验显示，界定体育学科核心素养的内涵，既需要适应不同学生组别的灵活性，也需要学生在体育不同学段学习保持连贯性。不同学生群体的运动经历、习惯、方式各不相同，既反映了民族特征，也反映了地理、经济等生活条件的不同。

体育学科核心素养内涵的确定需要考虑到不同学生群体在体育学科学习过程中的差异，并灵活选择和使用素材，使体育学科的核心素养更加系统、全面，并能适应不同学生群体的学习能力和需求。

考虑不同群体学生体育学习的连贯性，是基于体育学科核心素养的内涵拓展而生成的。体育学科学生的培养是在不断积累、提高和适应体育知识、技能和技术的基础上进行的。如何在有限的时间内实现体育知识、技术和技能的有效掌握，处于不同课堂的学生对体育学习有不同的需求和要素，是体育学科核心素养的基础和重心。要确保课程的连贯性、教学方法的一致性、教材和教法的一致性，优化学生的体育学习，不断拓展体育学科核心素养，作为学生体育学习连贯性的指导，使体育学科核心素养的内涵更加突出，以增强学生体育学习的灵活性和连贯性，为学生的持续体育教育奠定良好的基础。

（三）从课程改革的实际需求中凝练

1. 体育学科核心素养体现在体育课程改革理念中

体育学科核心素养作为人类体育活动发展的基本工具，以学生的健康成长、生活质量和全面发展为中心，符合学校和体育所倡导的教育理想和抱负。学生对体育运动的兴趣也是体育课程改革的重点，而快乐的体育体验和经历是保证学生终身从事体育运动的基础。学生对体育运动的兴趣不仅是体育课程改革的一个主要方面，也是决定学生能否有扎实基础的关键因素。新体育课程改革的其中一项主要工作，是要保障学生都能从体育课程中受益。

体育教师应制订灵活的体育教学计划，安排教学方法和内容，并确保每名学生在既定的体育课程范围内，获得他们的体育需求和目标。正是在"关注学生为焦点"课程的修订过程中，体育学科在促进学生整体发展中的本质和意义才能够真正体现在体育学科中。

2. 体育学科核心素养反映在体育课程的标准和方案中

许多学校注重体育学科核心素养所获得的基本体育知识，具有非常普遍的性质，超出了教学学科、课程类别和标准的要求。体育学科核心素养本身反映在体育教学的标准和方案中，因不同环境下的方法和路径不同而显示出差异。制定体育标准和方案既需要反映学生的主导地位，也需要仔细评估以学生为主导的地位如何通过体育方案来实现。

在制定体育标准和方案的过程中，可以突出促进学生全面发展的中心，组织和选拔适合体育方案目标、学校体育条件、体育教师、体育经验和学生兴趣的要素，体育项目的类型和特点、体育课堂结构等，促成体育学科的学生、教师和主体之间实现协同，在三个基础之间取得平衡，为体育学科核心素养内涵创造丰富的素材。

3. 体育学科核心素养反映出体育课程改革顶层设计的根本要求

体育学科核心素养反映了体育课程改革的最高层次的理念和愿景，它是在体育课程改革经验和教学实践方法的基础上发展起来的，反映了国家的意愿和社会的期望，形成了一种将现有体育课程相结合的文化。要及时更新体育课程改革的顶层结构，同时又不保持不变的地位，使体育课程改革过程中出现的各种问题得到妥善解决，采用新的理论和实践形式作出应对和解决，并为反思、改进和适应，发现和纠正不足，理顺体育课程改革的顶层结构，确保体育学科核心素养重点环节研究的客观性和针对性。

研究体育学科核心素养的内涵，在现实教育环境中彰显体育科学育人的价值，涵盖体育课程改革过程中的"学科、核心、素养"三大理念；还涉及其关键性、个性和综合性特征。当前对体育学科核心素养内涵的研究存在一定的局限性，大多局限于中等教育和高等教育对体育学科核心素养内涵的研究较少，争议和矛盾相应不多，缺乏培养学生体育学科基本技能的运动意志和素质，以及构成要素连贯性和相互关系的思想选择，缺乏针对性的解释。

在深入的课程改革中，作为体育学科育人的手段和方向，体育学科核心素养的研究需要学者的重视。只有深入研究体育学科核心素养的内涵，才能更准确地确定以学科核心素养为基础的体育课程改革的变化。

第四节　体育学科核心素养的理论基础及结构要素

体育学科核心素养是体育课程改革具体规律的体现和动力，是国家全面深化体育课程改革、在体育学科中实现"立德树人"核心任务的基础和抓手。通过发展我国传统体育文化，比较国际经验，总结体育课程改革的实践需要，优化学生全面发展的理念和实践，可以把体育学科核心素养视为通过体育学科学习塑造学生，贯穿整个学习过程，适应不断的体育锻炼，对学生产生持续的身心影响，对所有学生都具有必要的道德素质和基本的体育素养和能力。

培养学生体育学科核心素养已成为我国体育课程改革的重中之重，体育学科基础、结构要素的选择应能帮助每一名学生掌握体育学科结构中最基础和最核心的知识，体育学科核心素养应涉及体育学科教学的目标、内容、过程和方法，需要组织和帮助学生通过基于学科结构的三个连续过程（初始阶段、充实阶段、丰富阶段）获得体育学科的关键知识和技能。紧密结合体育学科内容、体育学科研究方法、学生主题、教学情景等要素，为了尽量发展学生在体育运动方面的知识和能力，即使在完成正规学校教育后，学生仍可独立发展在学校学习期间所学到的基本体育知识和技能。

一、学科结构理论：开展体育学科核心素养研究的理论基础

随着体育方案改革进程的加快，从单一性向多元化的转变已成为体育课程不可逆转的现象。体育课程虽以多元化为目标，但不否定体育学科的基本要

素，也不否认人的焦点地位。体育学科核心素养在体育课程改革中的基本性质和取向没有发生根本性的变化，这是由体育课程的一系列特点决定的。由于体育学科核心素养反映了整个学校课程体系中体育课程的功能性和价值性负担，而且预示着体育学科核心素养的培养将使体育课程改革的目标更加清晰。在这样的逻辑和背景下研究体育学科核心素养，需要研究有利于其形成和发展的理论基础，解决体育学科核心素养在体育课程改革过程中的基本结构要素及其相互关系等一系列基础理论问题。

学科结构理论是由美国教育心理学家布鲁纳提出并推广的，它是现代认知心理学和结构化教育思想的代表。布鲁纳认为，任何领域的知识都是结构化的，反映了事物的联系或规律性。在教学过程中，教师应注意学科教学结构。因为"任何概念或问题或知识都可以用某种形式表达，使任何学生都能以某种可以理解的形式理解"。随着课程改革进程的加快，"核心素养"在专业各领域不断发展，在教学范围、制度、知识、结构和方法等方面进行全面的系统改革，以适应教育发展和学生成长的需要。从21世纪开始，我国课程改革着眼于新时代教育的发展，使素质教育的理念、基本过程、创新教育思想等融入课程改革的各个领域，其时代性和科学性十分鲜明。在几乎所有涉及发达国家课程改革的案例中，重点都是学科需求。

在体育学科核心素养方面，学科结构理论的要素和阶段主要涉及体育学科的课程设置和教学，通过学科结构理论可以解释该学科的结构问题。由于体育学科核心素养在培育学生体育学科的过程中，应成为最具成本效益和最具活力的元素，使学生能更快和灵活地学习体育知识和技能，形成自己的基本体育技能，从而有效提高体育学科教学的效率和质量。在体育学科核心素养的形成过程中，学生需要根据体育学科内部结构和外部结构的特点，运用多样化的教学方法，获取、转化、引进和评价体育基础知识和技能，形成结构，合理选择要素。按照学科结构理论的原则，对体育基础知识进行结构设计，在选择形成这些知识的思路和程序时有针对性地进行指导，使体育学科核心素养的方向更加明确和理想，形成体育学科核心素养的理论体系。

二、体育学科核心素养结构要素之间的关系

体育学科核心基本要素之间的联系机制，是在认识体育学科核心素养基本特征的基础上，运用学科结构建设理论，使教学经验、教学思考、案例收集、概念分析和理论阐释、教学内容等体现在体育学科核心素养以及专业精神，在这一阶段，学生应系统地掌握体育运动所需的基本知识和技能，通过强化的专业训练（包括基本的身体素质、技能和技能）和持续不断的学习，通过体育锻炼不断地提升学习的基础和水平，从而成为社会普遍认同的体育优秀人才。

在个人认知水平的基础上，学生在对体育学科核心素养要素的基础认知中展示自我，并分析学习体育的能力水平，促进个人体育体验的提升，这是学生理论思维和经验行为的自主体育教学的建构过程。通过学科结构理论的结构策略，学生运用主体知识的层次，为自己的身心发展理解并掌握体育学科的基本技能，可以根据个体的体育学习经验和对学习过程的理解来建构，根据其体育学习规则，形成体育技能，并建立具有较强个人经验的适当的认知方案和学习框架。合理的理解和认识是培养学生体育学科核心素养的积极有益的指导方针，这体现在对体育学科核心素养的充分理解上，使学生在主体层面理解体育品德与修养、运动兴趣和能力、健康的行为和习惯、运动品质和意志等四个构成要素。

体育学科核心素养结构中包含的四个要素不是孤立的、无关的，它们之间有着紧密的程序联系。要形成体育基础知识，完善其结构，需要达成以下方面要求。

一是要立足于良好的体育品德和修养，对体育教育的要求必须贯穿体育目标体系的各个学校教学环节，才能理解体育教育的价值和意义，帮助学生形成健康的精神，培育崇高的感情，形成优秀的人格品质。

二是在保证学生运动兴趣与能力的基础上，选择、组织、分配和传授体育知识和技术，培养学生体育知识和技术的体育兴趣和能力，按照要求组织以

"体育兴趣和体育知识、技术"为基础的体育学科知识体系,针对体育教学目标和体育教学价值的认识,统一整理相关知识,形成体育理论、健康行为、体育技术、教育能力四个基本点,融入体育知识的整体。在整合体育学科知识和进一步完善体育学科内容知识结构的基础上,结合学生特点和实际学习需求,改变与体育、应用体育和体育发展相关学科的知识水平,使体育学科内容的知识达到规定的标准。

三是在不断提高体育学科内容知识的同时,体育学科教学方法也需要进行相应的变革。由于体育项目具有不断完善和发展的特点,学校体育课程内容不断补充新内容,适应新教材要求,使体育教师根据学生在体育运动方面的成功表现,及时学习和完善新的教学方法。

四是加强教学过程,以鼓励学生形成和养成健康的行为和习惯,从而提高学生的健康体育教学质量,这就要求体育教师了解学生行为的特殊性,分析教师的教学能力和是否有教学资源满足学生的健康行为需求,从而更准确地确定学生健康行为和习惯形成,提高体育学科核心素养培养的针对性和有效性。

五是在培养学生健康行为和习惯的基础上,使体育教师具备灵活创造体育教学有利环境的能力,增强学生体育素质和意志表达发展的互换性、动态性和连续性意识,并使他们所创造的体育教学环境与学生的行为和意志方向相协调,在保证体育教学的基础上,展示学生体育学习的风格和特点,使他们的运动品质和意志在合理的前提下得到相应发展。

为了检验体育学科主体结构的四个要素之间的一致性和协调性,必须通过体育教学来确定和评价体育学科主体在学生体育学习和身心发展中的有效性,着重指出评价过程中的缺陷和不足,提醒体育教师要及时纠正和创新形成学生体育学科主体结构的方法,减少和防止体育学科教学中的各类违规和失误,并为体育教育的初始阶段提供示范性的实例和资料。

通过体育学科四个要素之间的循环和内在联系,其成果将得到有价值的体育学科和教学知识的补充,完善进体育学科的主体结构中,学生体育学科核心素养将不断丰富和完善,为体育教师有针对性地设计课程,创造性地寻找体育学生的实践教学途径奠定了坚实的科学基础。

研究体育学科核心素养的理论基础、结构要素和关系，是体育课程改革的一个新的深入过程。我们必须清醒地认识到，体育学科核心素养的科研成果将为深化体育课程改革、进一步培育学校教育中体育领域的人文价值观开辟新的视野和机遇。此外，研究体育学科核心素养主流文化的重大理论问题，是体育课程改革创新和突破的新起点，其自身就是一项复杂而系统的活动。它的研究和实践需要政府、研究人员、学校和教师的共同努力，也需要一个不断进行变革、补充和发展的过程。作为研究者，必须从自身的专业认识和实践出发，不断探索有效体育学科核心素养的基本理论知识，以提高学校体育的服务质量。

第五节　体育学科核心素养的研究进展及其启示

21世纪初，为了适应经济全球化和教育普遍化的条件和要求，联合国教科文组织、经合组织以及欧美等发达国家开始制定和实施一系列教育法和制度，与基础教育技能相关，补充教育国际化进程。作为研究基础知识与教育体制改革关系的切入点。在美国、英国、加拿大和澳大利亚等国家，课程改革的重点是学科核心素养体系的建构逐渐成为国际课程改革的热点之一。

在过去10年中，欧盟教育组织一直在将"核心素养"的形成与人类发展终身指导体系的建立相比较，敦促各国在教育政策的框架内，保持核心素养的地位，并采取一系列富有成效和创新的实际措施，促进国际课程和教育机构的学科核心素养进程。在此背景下，我国课程和教学领域也开始探索国外研究的先进经验，积极探索各学科核心素养作为一个整体的价值观和发展途径。

2017年12月，中华人民共和国教育部出台《普通高中体育与健康课程标准（2017年版）》，从学科基础知识的角度对体育课程内容进行修订，并结合教学水平—内容—教学目标对课程内容进行修订，指出体育和健康的基本知识由三个要素组成：身体能力、健康行为和体育品德。从2018年开始在全国范围内对体育学科核心素养的课程开展问题进行了多种形式的教学探索。学生体育学科核心素养的培养已成为我国体育课程改革的重点方向，涉及体育课程和教学的方方面面。

一、国内外体育学科核心素养研究中存在的问题

通过回顾和分析国内外关于学科核心素养的相关知识和研究，发现国际组织和国家、个人对课程改革核心知识实施的态度与核心素养的实现目标基本一致，学生适应社会和自我发展所需的基本技能，以及将其转变为学生不断发展核心素养所需的基本技能，必须在学习方面落实，即通过主修学科的学习，向学生灌输真正的核心素养。因此，体育作为贯穿学前、小学、中学、大学教育的一门重要学科，学科核心素养体系如何形成，体育课程如何融入，并转化为有效的课程目标、内容、方法等，如何实现当前"立德树人"独特的价值观，这些问题，体育工作者和研究人员需要优先解决。

（一）对体育学科核心素养的内涵及其逻辑缺乏明确的认识

联合国教科文组织、经合组织、欧洲发达国家、日本、韩国，以及以课程改革为基础的国家，在体育学科核心素养培养的各个方面进行了表述，但对课程改革的重点学科领域核心素养体系缺乏认知。对体育学科核心素养的理解更多地取决于文化背景和课程的变化，在体育课程改革的背景下讨论的问题过于广泛，涉及以前不属于体育学科的其他内容，结果体育学科核心素养要素过于复杂，二者之间缺乏内在逻辑和密切联系，无法有效反映体育学科核心素养的特点和要求。

当前，在国内积极形成该学科核心素养体系的大背景下，体育学科发展缓慢，这不仅是一个需要"紧跟形式和热点"的问题，也是一个体育学科自身能否在国家"立德树人"教育长期战略的框架内屹立不倒的问题，以及体育学科能否在课程改革中占据首要地位的问题。面对这种情况，发展体育学科核心素养意味着什么？如何确定其意义？此外，必须明确，在课程改革方面，体育学科核心素养如何与其他能确保学生不断发展的基础学科相结合；体育学科核心素养的基本要素与内在要素之间的逻辑关系需要再次澄清，使其具有明确的

逻辑结构。

（二）缺乏明确界定体育学科核心素养体系的框架和结构

体育学科核心素养反映了体育学科在培养学生过程中最本质、最基本的目标和要求，形成了体育学科核心素养的整体基础和结构，能够在学生核心素养形成过程中区分体育学科与其他学科的"差异"，也可以整合体育学科与其他学科的"相同"内容。结合课程改革成果，形成体育学科核心素养体系基础，形成体育学科核心素养是其深入系统学习的前提和基础。在此过程中，研究人员不能盲目追随潮流，必须依靠一定的教育和实践基础。对国内外相关研究的分析表明，体育学科核心素养取得的许多成果主要是教学经验的提高和总结，对体育学科核心素养形成所需的理论基础和实践基础的借鉴较少，这也是基础学科各自为政、研究方法滞后的主要原因。

（三）缺乏指导和培养学生体育学科核心素养的标准和基础

在国外，体育学科核心素养体系的形成一般都有一定的标准和依据，有的在健康领域寻求支持，有的在学生体育技能的形成方面获得支撑。我国体育学科核心素养尚未建立成熟的课程体系，只能根据国外获得的经验，按照课程改革的要求，按照其他学科核心素养已经成熟的形成模式，确定符合体育学科特点的具体标准、依据和程序。由于在学校体育活动中，具体的体育课程和教学是体育学科核心素养发展的主要途径，而体育学科仍然是国家的主要课程，体育学科课堂教学应是体育学科培养学生的主要形式之一。因此，在课程改革的过程中，体育教育应成为发展体育学科核心素养的主要平台。为此，应根据体育课程改革的特点和要求，结合学科本身的特点，明确体育学科育人的具体目标和任务，确立指导和培养体育学科核心素养的标准和依据，制定体育项目改革过程中体育科学与合理利用的基本知识体系形成程序，体现体育学科在"立德树人"中的独特作用和价值。

（四）缺乏体育学科核心素养的个案研究

通过对国内外研究的分析发现，其主要方向是对要素的理论解读，关于体育学科核心素养研究缺乏案例支撑。但归根结底，体育学科核心素养必须纳入学生的成长和发展过程。因此，体育学科核心素养不仅在如何正确构建其理论体系方面存在困难,而且在如何寻求有效的实施途径方面也存在困难,这无疑是现代体育教学实践中一个相当重要的问题。

正如学习国内外其他学科基础知识的经验所显示,最有效的学习方式是采用学科核心素养内化和转化的途径,即必须培养这方面的基本技能。但现实的问题是,由于目前体育研究人员和体育教师对体育学科核心素养的重视程度较低,体育教师正从传统的"立体目标"体育方式转向新的课程理念,基于体育学科核心素养的要求,体育教师应在课程和教学领域进行新的研究和实践。

从课程理念更新的角度,在明确体育学科核心素养的方向后,应明确体育学科专业化教学的价值和意义、实验理论和专业教学标准的必要性以及将相关理论和程序与体育教学实践相结合的必要性,尝试设计合理的体育学科基础课程。

二、体育学科核心素养研究的启示

(一)在我国体育课程和教学研究领域,必须提高对体育学科核心素养概念、内容、结构等关键理论问题的认识

随着课程改革进程的加快,各教学领域积极探讨课程改革与基础学科的关系。与其他学科相比,目前在国家体育项目和教学研究的框架下,对体育基础学科还没有进行系统的研究。发展体育基础知识、考核等基础性问题亟待解决。在总结和借鉴国外已有研究成果的基础上,结合近年来国内课程改革的成果,并通过比较研究、实践研究、教学实验等多种研究方法,对国内课程改革进行了研究,努力寻找与我国体育教学现状相适应的体育学科基本要素及其内在逻辑联系、规律性,系统研究体育学科核心素养的概念、内容、结构、体系等基本理论问题,拓展和丰富体育基础知识、理论基础和实践材料,使学术界对体育学科核心素养的认识提高到一个新的水平。

(二)研究人员在培养学生体育基本技能的过程中,应致力于课程设计

从国内外体育学科核心素养研究的基础和逻辑来看,学科素养是课程设计的主要目标,也是该领域基础知识发展的主要依托。同时,有关学生基本学科知识发展的研究显示，研究人员对课程的重视程度较低。在体育学科核心素养方面，国内的研究人员较少，且目前的研究主要集中在体育学科的宏观层面，缺乏针对体育课程设计的案例研究。因此，研究人员在对国外研究成果进行系统分析的同时，应在培养学生体育学科核心素养的过程中考虑课程设计，探讨具有重要借鉴意义的实例和方法。体育教师还可以根据自己的理解，运用有效的教学方案和案例，选择应用和实践的方法来适应现有的教学方法、模式，根据学生的实际情况，寻找有针对性的体育教学体系，提高学生的体育训练水平，促进体育方案的制定过程。

（三）体育学科核心素养体系的形成需要重视学生健康生活方式的养成

在美国、英国、澳大利亚等国，在培养学生体育学科核心素养的过程中，着重从健康的角度分析体育学科核心素养的结构，这是形成学生体育学科核心素养体系的主要内容之一。借鉴国外的研究经验，我国在建立体育学科核心素养体系的同时，必须认识到体育学科核心素养知识和技能的重要性，不仅要使学生获得更多的健康知识和技能，而且要促进学生在体育学科之外获得健康知识，培养学生对体育运动的自信和动力，以及终身参与体育活动的愿望和能力。在学习健康生活方式的过程中，必须教育学生在积极健康的生活基础上，能够控制各种危害人类健康的因素，为学校和社会创造良好的学习和生活环境。在我国开展新一轮体育课程改革后，健康生活方式的研究在体育教育中占有重要地位。强调学生对体育的态度和由此形成的生活态度，值得我们重视和研究。健康文化的形成不仅是培养学生体育学科核心素养的积极信号，也是整个体育课程改革的取向。

（四）研究人员应当优化体育学科核心素养体系建设的理论结构和方法

要成功且有序地实施体育学科核心素养体系的形成过程，首先必须解决其理论结构的问题，如果没有与体育基础学科相适应的完整理论，那么整个体系的建立过程可能存在问题、不明确性、不合逻辑、错误结论，其结论的指导价值和相关性将付诸东流。因此，借鉴国外的研究经验，在我国体育教育基本制度的建立过程中，理论结构和预期问题为体育学科核心素养体系的建立提供了"合理的依据"。

此外，体育学科核心素养本身并非晦涩难懂，不能触碰，其本质和初衷是要融入体育课程和教学中，形成对教育真正存在的感知和评价，为学生的整体发展服务。将体育教学引入实践，将有助于体育教师了解与其选择相适应的课程内容，并将学生在体育学科中的核心素养有效地融入体育活动的组织和开展之中。体育领域基础技能研究转入运行阶段后，学生体育学科核心素养形成过程中会出现诸多普遍性问题，其来源和类型可能对学生体育学科基础的形成产生一定的影响。在此期间，体育教师应参与体育学科核心素养体系的形成过程，使他们能够发现学生在体育学科核心素养形成过程中遇到的问题，并能根据课程改革的要求，提出有针对性的政策和方案，有效解决与建立体育学科核心素养体系有关的诸多问题。

（五）必须明确体育核心素养与体育课程之间的联系性及转化途径

国外的研究表明，与教育和体育有关的基础学科之间的联系性问题是成功建立体育学科核心素养体系的主要问题之一。界定体育学科核心素养与体育学科之间的关系是包含还是从属，是明确体育学科核心素养体系形成的秩序和规则的关键，并对体育和体育学科核心素养内容变化的机制进行了解释。目前，我国体育课程改革中涉及体育相关基础学科的案例研究太少，由此产生的范式和实践更是少之又少。因此，将从课程改革的要求出发，明确体育学科核心素养与体育学科之间的联系及其转化问题，总结、规范和系统化开展工作过程中遇到的模式和实例，探索教学模式和实践模式，可供体育教师使用和接受，并不断更新推广体育课程和教学实践的概念和材料，是将海外研究成果内化的重要途径。

目前国内外正在对体育学科核心素养进行研究，尽管各国对体育学科核心素养的基础、来源、制度和实施与评价过程的认识各不相同，但形成了体育学科核心素养的广泛知识库，并为体育学科核心素养体系的形成和实践策略的选择提供了广阔的空间。在不同的国家，从不同的角度对体育学科核心素养进行了系统的整理，使体育理论知识更加多样化，有利于取得较高的科学研究成果。体育学科核心素养不仅涉及体育学科，还涉及其他学校课程，有利于体育基础学科发展的教材多样化，有利于体育学科核心素养的发展进程。在许多国家，体育学科的重点是培养体育领域的基本或关键技能，并能够促进课程的转变，使其更能满足学生的发展需要。

同时，由于各国对体育相关基础学科的认知和理解存在差异，形成了不同的主体和客体，有的以教师为对象，有的以学生为对象。此外，各国通过从社会传播、教育、健康等不同角度观察和组织体育学科核心素养的内容，在体育学科核心素养内容的界定上也存在显著差异，尽管体育学科核心素养的结构形式多种多样，但也间接地形成了体育学科核心素养的结构体系。

第二章　体育专业课程设计理论梳理

第一节　体育专业课程教学大纲的探索

随着社会的发展与时代的进步，当前我国的体育专业教学领域正面临着越来越严峻的教学创新与改革的局面，体育专业的教学也因此面临着繁重的改革任务。体育专业教学能否在这一阶段做出创新与改变直接关系着我国体育专业教学领域的未来发展。

体育教学大纲是现阶段我国体育专业教学领域所依据的重要纲领性文件，体育教学大纲中提出的要求正是广大体育教师需要落实的重要内容。因此，体育教学大纲的改革与探索是至关重要的。

一、关于体育教学大纲的特点分析

（一）兼具稳定性和可变性

体育教学大纲不同于一般体育课程的教学方案，其在体育教学方面起着绝对统筹的作用。所以，体育教学大纲从开始的制定到最终的推广和落实会经历一个相对漫长的时间段，其制定过程更是非常复杂和多变的。通常情况下，体育教学大纲的制定会经历实验教学、社会调查、起草与讨论以及最终的审批定稿这几个重要阶段，从这些阶段便可以看出，制定出一份完善的体育教学大纲的确需要一个相对漫长的周期。

在我国体育教学大纲制定领域，一份新版的体育教学大纲的出现会经历6~7年的制作周期，这也是符合目前我国教育发展规律的一个周期。体育教学大纲不会是一成不变的，它会随着时间的推移以及教学需求的变化而不断调整和改变，这也充分证实了体育教学大纲是兼具稳定性与可变性的，任何一份体育教学大纲都有着一定的适用周期，并且在这一适用周期内是比较稳定的，而当其不再满足实际教学需求时，体育教学大纲必然会因此而发生改变。

（二）兼具强制性与灵活性

体育教学大纲是国家教育部门根据各类、各级别、各层次的学生在体育学习方面的需求制定出的具有指导意义的文件，体育教学大纲以纲要的形式出现在大众眼前。体育教学大纲中明确规定了不同级别的体育专业教学的教学范围、教学深度、教学结构以及教学体系，而且关于教学的时间以及具体教学方式也都被囊括在教学大纲文件当中。当这样的一份体育教学大纲想要具体应用在实际体育教学工作当中时，必须要确保其本身要具备一定的强制性特征，要求体育教师必须要按照体育教学大纲的内容来执行和完成，确保教学工作是紧密围绕体育教学大纲的内容和方向来展开的。

此外，体育教学大纲的强制性特征还源于其指定部门的权威性，体育教学大纲通常是国家或国家授权的地方教育行政部门颁布的，所以其从源头上就带有显著的权威性和强制性。而灵活性则是与体育教学大纲的强制性相对的一个特点，但是二者之间并不是独立存在的。体育课程教学不同于其他学科，无论是在教学形式还是在教学条件上都更容易受到各种外界因素的影响和干扰。因此，体育教学大纲在制定的过程中会在很多内容以及方面留有一定的余地，而这些余地就体现出了体育教学大纲的灵活性，让具体的执行者可以有更多灵活运用的空间，不需要百分百地按照体育教学大纲的内容执行，而是要在综合考虑实际教学的各方面情况之后，以体育教学大纲这一纲领性文件作为参考教学的核心，具体问题具体分析，确保体育教学大纲高度的实用性和更加理想的使用效果。

二、关于体育专业课程教学大纲的改革内容与方向分析

从目前体育专业课程教学的实际情况来看，现阶段我国体育教学大纲主

要的改革方向和内容集中体现在两个方面，分别是教学方法的改革和教学内容的改革。首先，从教学方法来阐述。教学方法的改革，即以体育教学大纲为依据，寻求教学方式的创新与变革。教学方法的改革，也是体育教学大纲改革的一个重要体现，其有效保障了体育教学大纲的落实效果。从这一方面来讲，体育教学大纲的改革与教学方式的改革是有着高度的一致性和协调性的，基本上不会在体育教学大纲改革的过程中出现一些冲突和阻碍。

关于教学内容的改革，之所以要改革教学内容，其主要原因在于之前的教学内容已经不能够满足现阶段学生在体育学习方面的需求了，反而对于学生在体育方面的学习和发展起到了一定的阻碍作用，归根结底，教学内容的改革源于教学思想的改变。教学内容的改革所涉及的范围是非常广泛的，从教学范围到教学层次，从教学体系到教学结构，都会因为教学内容的改革而发生改变，而且教学内容的改革会涉及后续教材的选取、教学评价体系的改变等。因此，教学内容的改革会成为体育教学大纲改革工作中非常重要的一项核心内容，需要借助教学内容的改革成果作为基础来制定出更具科学性与合理性的教学大纲。

三、体育教学大纲改革要确保高质量和严纪律

体育教学大纲改革是大势所趋，是体育教学向前发展的必然需求。我国的体育专业教学领域，需要一份更具纪律性、更具实用性的体育教学大纲，既要符合我国体育专业课程教学的实际，又要充分彰显出新时代体育教学的新方向。要想制定出一份科学合理的体育教学大纲，确保体育教学大纲改革的高质量，就必须要严抓以下几个方面的工作内容。

（一）勇于创新和突破

体育教学大纲的改革必须要有力度，要勇于创新和突破，确保体育教学大纲的先进性和前瞻性。社会在发展，时代在进步，体育教学大纲的改革工作必须要力戒保守，要结合新时代体育专业学生的学习和发展需求，确保在体育教学大纲的指导下，体育专业教学工作能够为国家和社会培育出更多优质专业

人才。此外，在具体执行体育教学大纲内容的过程中，广大学校和体育教师也应该将学校教学与学生学习需求放在最重要的位置，切忌被体育教学大纲的权威性和强制性所束缚，要敢于冲破纲领文件的局限，以体育教学大纲为核心，探索出一条适合自身教学与学生发展的光明道路。

（二）广泛征求和采纳多方建议

体育教学大纲的制定者应该是所有参与体育专业教学的主体，包括各院校体育教师、政府相关部门工作人员以及社会第三方主体等。这些人都可以为体育教学大纲的创新与改革工作提出自身的想法和建议，而且在具体的改革工作当中，也应该充分考虑各方的意见和建议，对于一些有效的建议要予以采纳。

体育专业课程教学大纲的创新与改革是提升体育教学质量的重要途径，相信随着体育教学大纲的创新与改革，我国体育专业教学必然会取得更加理想的教学成果，我国体育专业人才的综合质量也会得到进一步的提升。

第二节　体育专业课程秩序的构成研究

纵观体育研究领域，人们常常将"秩序"一词视作现成的理论工具，对秩序本身的关注却较少深入探讨。而实质上，只有将目光聚焦秩序内部，对其生成逻辑、类型等问题进行深入分析，才有可能在具体经验性层面为后续研究提供理论借鉴。基于以上考虑，将我国高等院校体育专业课程（以下简称专业课程）秩序的构成纳入研究视域，从理论层面深入挖掘其生成机制及类型。

一、立足组织形式层面的我国高校体育专业课程秩序

（一）集合课程与整合课程

英国教育学家巴兹尔·伯恩斯坦（Basil Bernstein）以课程组织为视角进行研究，认为课程主要由整合型课程和集合型课程两种类型组成，"如果课程内

容间均处于相互封闭的关系，且彼此相互独立，我便将该类课程称之为集合类型的课程。同时，有一种与集合类型并列的课程类型，我把其称为整合类型的课程，在这种课程中，各种内容并不各自独立，而是彼此处在一种开放的关系中"。在伯恩斯坦看来，识别两种课程类型与构架是以课程内容间界限的清晰程度为基础的。不同课程内容以明晰的边界而彼此分明则分类较强，而课程内容间界限混沌不清，则分类较弱，其内容间的相互独立性也较弱。教学主要内容与非主要内容边界明晰，则课程构架较强，反之构架则弱。构架强则意味着教师的教与学生的学自由发挥的空间狭小，选择余地不多，构架弱则反之。

（二）不同课程类型下的集合秩序与整合秩序

1. 我国高校体育专业课程的集合秩序

伯恩斯坦认为，所有涉及较强知识组织的分类都会导致集合编码。集合编码的专门化形态发展出一种有等级的知识组织，由内部特定身份构成其深层的结构，因而对内部界限建立了强大的控制。

当前，我国高校体育专业尤其是师范类相关专业学术分科细致，专项技术教育具有重点化、专业化、长期化趋势，具有显著的集合编码特征，也因此形成了独特的集合秩序。体育专项学习中，不同技能的掌握通过集合编码的调控，使这种技能的学习必须通过系列的、被分割化的科目等级划分而得到组织与分配。知识的获取在行政指令与专家指导的框架内进行，权威关系的等级性质决定其与集合秩序的产生息息相关。同时，集合秩序也与一种清晰的、可预知的考试程序有关。因为体育教育内部的"特殊身份"在强分类、强构架的制度化表达中建立了可预知性。可见目前我国高校体育专业课程秩序是以集合秩序为主体的。

2. 我国高校体育专业课程的整合秩序

整合编码能够消解不同内容间的分离与孤立，对它们进行统整，从而能够削减各类单一内容的权威性，便于提升学生的辨别和理解能力。不难看出，整合编码需要在共同的社会联系中由不同科目的教师参与，并要求相关联系不仅出现在分工、合作的教育任务之中，而且要存在于非工作领域。共同的工作环境恰恰就是他们相互联系的条件，从而致使集合编码中等级间的分离程度渐渐被削弱。在整合秩序中，基于协调的知识链接特性、共知共认的整合理念、清晰明确的评价标准、积极有效的反馈整合，促使整合编码具有开放性的有机团结特征，且能够通过界限的混沌状态而轻松获得实体性。

我国高校体育专业课程专业化教育模式所形成的集合秩序是我国高等体育教育在特定时期的选择，具有一定合理性。对我国体育及教育的发展发挥了积极作用，不过存在着缺陷。如今，高校体育专业的变化不能完全满足日新月异的工作岗位发展，"专业对口"早已无法适应社会需求。已有实践证明，高校体育专业化发展越好，学生就越难适应千变万化的市场形式。以上问题已经引起我国教育界的充分重视。众多高校已经把通识教育融入体育教育的基础概念中，北师大在通识教育中，贯彻"博学与精专统一的个性化素质教育"，鼓励学生从自身实际出发自主选课，从而激发学习积极主动性，全面提高素质。可见目前，我国高校体育专业课程秩序中，以集合秩序为主、整合秩序为补充的秩序格局正在悄然发生变化。

二、立足实践类型层面的我国高校体育专业课程秩序

（一）教学秩序的形成

19世纪，教育学家约翰·亨利·纽曼（John Henry Newman）鲜明地指出："大学是一个传授普遍知识的地方，它以传播推广知识而非增扩知识为目的，大学的目的是科学与哲学的发现。"以纽曼为代表的传统大学观所倡导的教育理念认为，大学就是传播知识和训练心智的场所。因此，大学课程秩序主要表现为教学秩序。中华人民共和国成立之初，全国仅有北京师范大学、东北师范大学等6所院校下设体育系。1953年全国设有体育院、校和系、科的学校共有21所，但设置不分专业，统称"体育"。直至改革开放中期，我国体育专业教育在不断改革中缓慢发展，但其教学始终围绕培养体育教师、体育干部、管理人员和教练员等专业实践型人才开展。出于特定历史时期国家对社会、体育的发展要求，该时期专业体育院系课程设置以培养实践型急需专业人才为目标，在人才培养过程中重实践轻科研，逐渐形成了以教学秩序为主的体育专业课程

秩序。

（二）研究秩序的形成

自我国体育专业研究生招生、培养，以及1980年国家提出将体育专业教育逐步发展成为教学、训练和科研三项结合的教育发展理念开始，体育领域的科学研究才被视为我国体育院系发展的又一项主要职能受到广泛重视。进而一种德国所倡导的"洪堡大学理念"在我国众多体育院系开始蔓延。"洪堡大学理念"将科学研究视为大学的主要职能。它认为，大学教师的教应当由学生从事的研究切入进行引导，而学生的学则为一种独立的钻研，师生之间不是教与学的关系，而是为科学发展进行共同研究的合作关系。因此，过去一段时间内，在"洪堡大学理念"加之在高校职称制度及相关政策引导的多重作用下，体育专业课程的研究秩序逐渐确立并形成。

（三）教学秩序与研究秩序的一体化

随着初始的高校教学职能"边缘化"的倾向不断蔓延，相关问题也备受关注。欧内斯特·L.博耶（Ernest L. Boyer）提出"教学的学术"的概念，他重新思考教学的内涵，并利用这一概念试图打破教学与研究的二维思维，以此弥合教学与科研的鸿沟。他认为："教学是一门学术性事业，教学的开始是以教师自身知识的掌握开始的。教师只有在智力上不断深化并广泛涉猎，才会广受好评……最好的教学不仅为传授知识，同时必须扩展和改造知识，在教学中与学生互动，自身也将被推向新的创造性的方向。"随着我国高等体育专业教育由精英走向大众化阶段，"专业课程"的内涵也出现了本质变化。高等体育专业教育在已有的发展基础上进行了类型、功能的进一步细分，分别向以建设一流大学为目标，教学、科研并重的北京体育大学为代表的专业院系和以建设应用型大学，注重教学实践型的黄淮学院体育系为代表的专业院系延伸。同时，各学校也遵循国家需求及发展趋势立足自身条件不断创新，调整完善专科、本科、专业性研究生、学术性研究生的课程设置以达到自身教学与科研的平衡。可见，追求学生参与实践与科学研究的兴趣，提高体育专业学生研究素养，促进其创新意识的生成，是高校体育专业课程秩序的终极目标所在。在这种"行为复合型学习情境"中，高校体育专业课程的教学秩序与研究秩序必然将实现一体化发展。

三、立足社会层面的我国高校体育专业课程秩序

（一）外部秩序与内部秩序

"大学是民族灵魂的反映"，灵魂的反映需通过大学的使命与职能定位来呈现。我国专业体育教育是国家教育的重要组成部分，从诞生之日起从来就没有独立存在过，它与国家社会及经济、文化发展紧密关联。专业课程作为大学体育教育的刚性核心，同样无法摆脱与社会系统的关联与互动。专业课程是体育文化利益竞争的载体，围绕自身通过内容甄别、文化定位，在不同关系互动中形成了外部秩序。而就专业课程而言，"课程本身便意味着体育知识、专业技能和教师专业价值的终极表达，同时课程本身意味着受众学生的普适性"。教学过程中教学内容、课程目标、文化环境、示范与练习等要素的相互影响，与反馈、评价、管理、完善等实践相互融合，构成了高校体育专业课程运行的内部秩序。

（二）外部秩序与内部秩序的相互作用

专业课程外部秩序对内部秩序具有双重作用，既是内部秩序运行的约束力也是推动力，为专业课程实施提供了积极保障。专业课程内部秩序是高校体育教育实践的主体，内部秩序的运转效果直接决定了专业课程的实施效果。研究以莉萨·R.拉图卡（Lisa R. lattuca）和琼·S.斯塔克（Joan S. Stark）"情景中的学术方案"的课程界定为蓝本，将高校体育专业学术方案嵌入我国现实的情景中，力求较为直观地描述体育专业课程内部与外秩序相互作用的基本状况。

1.影响因素构成分析

社会文化情景由两组影响因素构成，分别为外部影响因素和内部影响因素。其中，外部影响因素包括社会对大学体育的认知、体育行政部门、教育行政部门、体育协会等。内部影响因素又分为两个层面。第一，学校层面包括学校体育专业的发展目标定位、不同学科的博弈、高校体育专业发展能够获取的资源、高校行政部门的管理倾向等。第二，院系层面包括专业设置、教学科研

硬件设施、教师体育专业技能、科研能力、指导学生实践及研究的能力、学生自身综合素质等。以上特征较为完整地体现了体育课程在不同层面规划制定及具体运行过程中的互动关系。可见，其内、外部影响的强度、显著性是随以上因素的不同发生变化的。

诸多特定影响因素在相互作用下形成的体育教学环境将教与学的互动过程以及所产生的成果，置于体育专业课程环境外部——社会文化背景当中，便可了然外部秩序对专业课程实施的制约关系。

2. 相互作用的状态分析

首先在外部，专业课程诸多影响因素无法摆脱二级体育院系课程设计者的控制范围。例如，开设体育英语专业、体育产业方向、体育法学课程等以及相关学时分配、教学内容安排，都会在特定的情况下影响社会对体育专业及发展的认知。通过学生评教、教师评学等评价内容的分析，有利于调整、完善现有教学的计划以及课程。其次，教育结果的形成，也有助于激发师生对体育教与学的热情，促进学生从事体育活动的积极性，推动大学体育文化发展。最后，外部受众对教学成果的感知和内部受众对教学成果的认知，都会导致他们对体育课程施加影响（对大学体育感知与认知的调整路径的完善）。以上便是高校体育专业课程内、外秩序要素的作用状态。

我国高等院校体育专业课程秩序的形成具一定复杂性。立足宏观层面，需围绕国家的学科指南及政策展开。中观层面，要兼顾学校课程体系所要求的教学、科研等功能的融合，也要兼顾参与相关课程管理制度设计的博弈。微观层面，在保持其原本结构的同时，必须从外界汲取物质和信息，以便能量不断在有序与无序间寻求平衡。同时，课程内部又由若干子系统构成，形成我国高等院校体育专业课程完整的秩序。

第三节　体育专业课程设计及体系构建

高校进行体育教育专业课程体系构建时，不仅仅是为了锻炼学生的身体健康，更多的是注重学生体育综合素质，让学生可以全面发展，树立正确的学习观念以及人生观、价值观等。为了可以让学生更好地适应目前高校对于体育课程体系的构建，学校进行新型教育方法对学生的学习是有很多帮助的，在这个基础上，不仅可以实现体育专业课程教学体系的优化，还有利于提高学生对于体育的热爱，从而更好地构建体育课程体系。同时，这个过程中，也可以通过对专业课程的设计、社会需求、教学目标进行协调，使课程结构可以得到优化，学生可以学到更多的人文社科学知识并在课程中得以应用；此外，对于课程内容也应进行适当的调整，设置相应的特色教学课程，让学生可以将理论知识与实践相结合，充分发挥专业课程体系构建的作用，让学生可以学习更多的技能，从而培养学生在体育方面的能力。现阶段，随着体育教学的不断推进，很多学生的心理素质并不是很好，因此对学生进行健康性教学也是很有必要的，让学生可以充分认识到体育的重要性，从而进行多元化的教学，对于出现的一些问题也应做出适当的调整与改进，从而更好地构建体育课程体系，给予学生更多的发展空间以及满足学生个性化发展的要求。因此，可以看出体育教育专业课程体系的构建不仅仅是让学生学会体育运动技巧，更多的是提高学生的综合素质能力，为社会的发展培养体育专业型人才。

一、研究目的

社会的进步，科技的发展，在很多方面都促进了我国经济大规模的扩展。在这样的环境下，很多高校对学生的教育也受到了很大的影响，特别是体育教学，在这个过程中，高校对学生的体育教育专业课程也在不断的改进和完善，引起了社会各界人士的重视。在进行专业课程体系构建时，学校可以根据学生的身体状况、兴趣爱好不同来设置，同时教师可以更多地去关注、了解学生，根据学生的需求并结合现阶段的教学大纲给学生提供一个较好的教学环境，让学生可以更好地学习，从而实现高校体育教育的整体推进，更好地满足体育专业课程体系的构建，使得教育工作可以顺利地完成，得到更好的发展。体育教育对于每个学生来说都是很重要的，从学生刚步入学校的那一刻它就一直相随直到大学毕业，可想而知，它对一个人的影响有多大。很多高校将体育教育作为一个重要的模块进行教学，因为它不仅可以提高学生的综合素质、培养学生健康的心理，还可以更好地培养学生的人生观、价值观，让学生能够树立良好的形象，拥有健康的身体。在对学生进行体育专业课程教学的过程中，应对课程教学内容做出适当的改革与调整，这样可以培养学生多方面的品质，让学生之间形成一种团队合作意识，相互学习、共同进步，同时还可以学习其他同学的优点，以此弥补自己的不足，让更多的学生可以将自己的想法表达出来，激发学生的潜能，从而更好地实现课程体系的构建。通过开展这样的课程教学，不仅可以适应当前教学的发展，还可以使体育教学质量得到整体提高。科学地构建专业课程教学体系，可以让学生受益终身，养成一种终身锻炼的习惯，全面地增强学生的综合体育素质。

二、研究方法

（一）课程设计模块、社会需求模块、教学目标模块的协调

拥有一个合理、适用的教学方法对高校来说是很重要的，这样不仅可以增强学生各方面的技能，还可以培养学生的体育专业理论素养以及实际操作能力，更好地适应当前体育课程体系构建的要求。要转变教师传统的教学思想，在课程设计上要尽可能地满足学生的需求，适应现阶段教育的发展，不要让课程教学仅仅局限于一个模块，只有摆脱传统的教学设计，学生的综合素质才能得到提升。

在高校体育教育专业课程体系构建的过程中，开展以社会需求为导向的教学是很有必要的。以当前社会的发展来看，社会需要一些体育型人才，而且大部分学生毕业之后的选择是就业，所以开展以社会需求为导向的教学培养能够更好地帮助学生，同时也能够满足社会发展的需求。而在这个过程中，高校需要考虑社会对于体育型人才的需求，同时也要做好体育教育专业课程体系的优化及整合工作，实现人才的培养，满足体育教育专业课程体系构建的要求。因此，树立并培养学生的体育意识，给学生制定实用性较强的课程，将体育理

论教学与实际应用相结合，让学生可以提升对社会的适应能力、创新能力以及体育综合应用素质，为社会培养高素质复合型体育教育人才，从而使得体育教育可以更好地开展。

在进行教学目标设定时，应将新型的教学方法融于其中，促使课程体系构建的内容相互协调，以保证它们之间可以相互配合、共同发展与进步。而在这个过程中，尤其要注意课程的设置与目标的培养，它们之间是相互统一、相辅相成的关系，在对课程进行设置时，优化的课程可能会使得目标培养更加明确、可行。同时，将它们相互协调，还有利于培养社会所需要的高素质复合型人才，促使教育事业可以更好地发展。

（二）优化课程结构

在课程教学中，学校可以利用现有教学资源、专业特点以及市场的需求对体育教学课程进行优化，这样不仅可以增强这门学科的实用性，还可以让学生对其产生更加浓厚的兴趣，教师在教学的过程中也可以目标明确、重点突出，让学生可以全面地掌握基础知识，同时采用新课改的教学要求，还可以拓宽学生的知识面，让更多与体育有关的内容相互渗透、互相影响，从而满足当前高校体育教育专业课程体系的教学要求。

（三）人文社会科学课程的应用

随着社会经济的不断发展，人们对于自身的精神文化素养也在不断地提升，同时很多学校也在不断地加强学生的人文社会科学知识，培养学生多方面发展。然而，对于体育教学来说，为了让学生的体育综合素质得以提升，还应优化学生的体育课程结构，让学生可以了解更多方面的内容。例如，在文学、社会科学等方面进行拓展，设置一些与人文社会科学相关选修课程的构建，将这些内容贯穿体育课程教学，提高学生的体育应用素质，拓宽学生对于更多知识的了解，满足高校体育教育专业课程体系构建的要求。

（四）优化课程内容

为了可以更好地适应现阶段体育教育专业课程体系的构建，及时、准确地将教学内容教给学生，学校进行课程内容的优化是很有必要的。在优化课程内容时，可以增加一些与体育相关的活动，如健美操、跆拳道、太极拳、体育舞蹈、啦啦操、毽球等，让新型的体育运动丰富课程教学理论，及时地更新更多内容，让学生可以更好地掌握相关课程的基础知识，优化课程学习的课时、课程类别、教学内容，从而适应现阶段体育专业课程教学体系构建的要求。

（五）学校特色课程的设置

高校在对学生设置体育专业特色课程时，不仅可以适应当前体育教育工作的需求，还能满足学生的多样化需求，培养学生的体育综合素质。利用高校现有资源，设置与体育相关的特色课程，对体育专业课程体系做出适当的调整和优化，从而实现其结构、内容模块等的协调，让教学课程体系设置得更加健全，满足现阶段高校体育课程教学体系发展的要求，从而更好地开展体育特色课程的后续工作，确保高校体育特色课程可以与当前社会的发展相结合，实现实用性、科学化、合理化的课程教学体系的构建，为社会培养高素质的体育人才，从而适应体育行业发展的要求。

（六）教学实践模块的优化

在对体育课程进行设置的过程中，很多高校更加关注的是体育专业教学特点，让学生可以将理论知识体系与技能应用体系相结合，在掌握知识的同时，可以更好地将理论应用于实践，增强学生的实践能力，让学生可以科学地进行协调与管理，实现对于学生体育综合能力的培养，促进学生的语言表达素质以及同学之间的沟通、交流能力；教师也可以优化教学实践内容，让学生更多地去练习、实践，多组织学生参加一些体育方面的比赛。在这个过程中，学校也可以组织教师参加一些具有代表性的活动，让教师学习其他高校或教师对体育教育专业课程体系的构建，吸取他人优点，改善自己的不足，从而开展适合本校学生的教学实践活动，让学生可以更好地学习，让教学课程得到优化。

三、结果与分析

（一）健康性教学

随着我国教育事业的发展，对于很多高校来说，大学体育已经成为教学模块的一个重要组成部分。从整体来看，体育教育可以提高学生的综合素质，为开展素质教育奠定良好的基础。因此，在高校体育教育改革中，健康性教学对学生的思想培养有很大作用，它将作为高校体育教育专业课程体系构建的重要指导思想，将传统的教学观念进行更新转变，培养学生终身进行体育锻炼的意识，让体育可以深入每个学生的内心，用实际行动来感化、激发学生，适应当下体育教学工作的要求，让学生的综合素质能力得以提升，从而促使学生的身心健康发展。

（二）多元化教学策略

在很多高校体育教育专业课程体系构建中，大部分都是以学生作为教学的主体，这样不仅可以增强学生的实践能力，还可以让学生体会到体育教学的实效性，因此在教学的过程中，学校一定要加以重视，将以人为本的教学深入其中，更好地贯彻对学生的思想教育，紧跟时代的步伐，采用新型的教学模式，让学生可以更好地学习，满足对学生个性化的培养，通过体育教学让学生受益终身，并将这一策略贯穿整个教学，促进学校对体育专业课程体系构建的适当改革与调整。

高校可以先对教学内容做出适当的调整，先从简单的开始，然后慢慢涉及一些球类、田径运动等相关体育活动。在这个过程中，如果不能对课程教学内容进行适当的调整，也可以先开展一些学生比较感兴趣的体育项目，从而使得后续教学更加完善，使体育教学工作可以顺利完成。因此，进行多元化的体育教学方法是很有必要的，可以更好地开发体育教学内容，使高校对于体育多元化教育体系的构建更加健全。

（三）影响体育课程教学改革的要素

从目前的体育教育来看，很多高校的体育教学课程体系并不是很完善，还在使用传统的教学方法，在教学内容的设置上存在并不全面的问题，同时也缺乏一定的实用性。在长时间的教学生涯中，很多教师都会或多或少地受到旧教育观念的影响，在很多情况下并不能很快地找出学生存在的问题，对于一些运动技巧及能力的培养还不够重视，这在很大程度上不利于学生的发展以及专业课程的开展。同时，在一些教学内容上，不能很好地提高学生的身体素质以及思维的拓展、创新等，课程设计也不是很科学、合理，不能遵循体育教学整体性原则，有时也会出现一些教学目标没有创新性、不能适应每一个学生的问题，课程的内容更多地注重于学生的运动技能，却忽视了对学生体育运动思想素质的培养。

现阶段，我国正在不断地完善高校体育教学体系，很多学校的体育教学方法也在慢慢改进和创新，但在这个过程中，并不是每一个学校都能做到很好地应用新方法，在具体的教学对策、教学方法上可能还一直处于探索阶段，对于新型教学模式并不能科学、合理地运用，在教学设计方面也很难满足学生，不能很好地激发学生的学习兴趣，从而使得教学方法比较单一，不利于学生体育课程教学的开展。

从社会的发展来看，很多高校对于体育教育越来越重视，不仅仅只是认为体育可以锻炼学生的身体，帮助学生健康成长，更重要的是它可以提高学生的综合素质，让学生在各方面都受到积极影响，促使学生今后更好的发展。因此，学校在进行课程体系构建的过程中，应不断改变其教学理念，紧跟时代发展的步伐，让新型体育教育专业课程体系的构建对每个学生的体育素质、心智发展、精神风气、思想素质等产生深远的影响，从而更好地满足当下高校体育教学的要求，让体育教育专业课程体系的构建得以顺利并持续性地推进。

第三章　体育学科核心素养的培养设置和构建

第一节　社会体育指导与管理专业核心素养构建

随着市场经济推动体育职业化、社会化、产业化的快速发展，全社会对体育的认可度逐年提高，社会和市场对体育人才的需求日益增加。

社会体育指导与管理专业的主要领域是以社会体育指导、服务和管理为重点的人才培养。该专业的学生是履行社会体育服务的生力军，肩负着"健康中国"的使命。他们的学习成绩和训练质量对国民健康和中国体育产业的健康发展具有重要意义。

高校社会体育指导与管理专业作为培养优秀社会体育工作者和社会教师的主要基础，应具备哪些核心素质，以满足社会体育服务的需求，承载健康中国的使命呢？从专业培养目标和项目来看，以下内容将明确专业社会体育服务的需求和人才培养特点，明确学生应具备的核心素质，重点关注社会体育指导和管理，明确毕业努力方向，展示社会体育指导与管理的就业与创业，结合研究社会体育咨询与管理人才培养与课程规划。

一、社会体育指导与管理专业培养方案的解析

（一）对社会体育指导与管理专业培养目标的解析

社会体育指导与管理专业可以归纳为以下几个目标：立足本土，面向中国，对接国际服务，适应"体育强国"和"健康中国"的新时代战略，适应社会发展需要，培育德智体美劳全面发展，具有较高的社会责任感、专业素养和

政治素养，身体健康、个性健康、具备国际视野和科学素养，系统掌握了社会体育的基本理论和方法，具有较强的健身指导能力，善于策划和组织群众性体育活动，掌握体育产业管理技能，能够胜任社会体育事业，引导社会进步和文明发展，"懂理论、懂技能、善领导、善管理"的新人才。

1. 培养高度：社会体育指导与管理专业的职业培训目标首先建立在学生的体育格局架构上，明确自身角色属性。建设体育强国是全面建设社会主义现代化国家的重要目标，"体育强国""健康中国"是以群众体育为基础的。对专业学生的社会体育指导和管理，是按照国家体育运动战略，把体育精神与坚定的文化自信结合起来，促进群众体育事业的发展，促进人民健康。

2. 培养宽度：专业人才培养范围是，培养德、智、体、美、劳全面发展，具有高度的社会责任感、良好的敬业精神和较高的政治素质，具有强健的体魄、健康的人格、国际视野和科学能力。社会体育指导与管理专业的培养目标是引进知识、情感、意志、行动、健康相结合的体育人才，从政治意识、个人修养、精神愿望、责任感、科学能力等方面提出"人格素质"的规划。这些人文素质并不能直接反映学生的能力水平，尤其是在社会体育咨询和管理方面，没有量化和评估标准，也不是专业人才培养的核心指标，而是该专业学生的软实力和性格结构。同时，在培养目标中提出了国际视野的要求，表明从事社会体育咨询和管理工作的学生应具有体育全球化意识，注重体育的融合、中西体育知识的互动、多元文化的融合、体育文化的融合，了解科学研究中的研究热点和共鸣、健康问题的全球社区状况以及体育产业的全球化进程。它为关注社会体育咨询和管理的学生提供了一个全面的概述，并提出了"信息和文化能力"的要求。

3. 培养深度：系统掌握社会体育的基本理论和方法，具有较强的体育健身指导、群众性体育活动的策划和组织能力以及体育领域的创业管理能力，能够领导社会体育工作，指导社会进步和文明发展。

以上是对学生社会体育指导管理专业技能的综合培养，其中体育教育、体育服务和体育管理是学生职业规划和专业发展所必需的基本技能，以及该专业不同于其他体育学科的特色，同时也增加了创业和产业管理的需要。

4. 发展定位："懂理论、懂技能、善指导、善管理"创新先进体育人才。"懂理论、懂技能"强调学生专业知识和技能的综合体系，体现对学生"知识"的要求；"善领导管理"的基础是实践，能够发现问题、解决问题、沟通协调，强化学生的关键专业技能；同时，从应用型人才的要求出发，突出学生的创造精神和创新创业实践，对学生提出"创造性"要求。

"善指导"是指在筹划体育活动时，能够"循规蹈矩，了解心理，有条不紊地有效沟通"，并以规则和科学体育理论为指导，面对不同人群运用不同的方法和手段，将体育知识和技能传授给需要体育援助的团体，并对公共体育服务的突发事件作出反应和密切跟进，分析复杂的事件情况，并制定解决办法。

"善管理"体现在管理和营销上，管理是管理自己、管理集体以及获取和整合资源的能力；营销体现在产业的经营管理中。管理是个人综合能力、自我意识、自我完善的体现，也是社会认知、沟通能力和决策能力的体现，在很大程度上脱离了体育专业化、社会体育方向和学生管理的范畴，需要"社会情感能力"。社会情感能力是世界经济论坛、美国和新加坡以及其他国家和地区在21世纪技能研究中认为"适应能力、主动性和自我定位能力、社会和文化间交流能力"等隐藏的潜力。社会体育指导与管理实践中，学生的社会情感能力在关键专业技能的培养和管理决策中起着重要作用。

二、社会体育指导与管理专业学生核心素养内涵

社会体育指导与管理专业方面的培训方案是根据学校的具体情况、学科的特殊性和社会对体育的需求而制定的。从发展的角度来看，学校在重视学生获得基本的专业技能的同时，更应重视学生在学习过程中获得提升的能力，在学习和实践过程中逐步获得人文素养和通识技巧，以及在未来的工作中更加积极地发展自己。需要指出的是，社会体育与管理专业培训计划并没有对社会情感能力的具体化提出要求，而是将社会情感能力不断渗透到学生的核心素养中，解决问题、沟通协作、集体意识、产业经营与管理是人们社会适应的基本

能力，因此也包括在基本的人文素养培养中。

我们将以社会体育咨询和管理为重点的学生核心能力分为人文核心素养和学科核心素养。人文核心素养包括人格素养、学习创新素养、信息文化素养和社会情感技能。学科核心素养包括专业知识、专业技能、职业能力和健康价值观。

1. 基本素质规范了专业学生在政治觉悟、个人修养、精神追求和责任感等方面应具备的"个人技能"；

2. 知识文化、外语从国际化的角度提供给学生学习和互动的机会，对外语的使用能力、计算机和现代手段的使用提出了要求，以反映学生的信息素养、自然知识、人道主义和社会服务文化多样性的要求，属于"信息和文化"范畴；

3. 在"知识"范畴，作为社会体育指导与管理专业学生的"专业知识"，包含社会体育政策、理论、科学方法及改革发展等主要内容；

4. 专业技能要求，除对技术水平的量化标准外，并不能反映出体育运动能力必须具备的具体能力，根据发展目标中的"知行合一"要求，应该具备体育领域的基本技能，如教学、指导与交流等能力；

5. "学习创新"的能力要求包括逻辑思维、批判性思维和"观察、分析、解决问题"的创新精神；

6. 根据学生在社会体育指导与管理体系中的专业特点，通过体育活动的规划与组织、行业的管理与指导、资源的获取与整合，以及沟通与解决问题的能力，体现学生的专业技能，完成相关工作所需的专业能力；

7. 在社会服务能力部分，社会体育指导与管理专业的学生，应具备一定的技术水平，建立科学健身观并进行个人健身能力管理，同时要树立公共服务意识、健康责任观及公益情怀，以满足社会服务的需求和责任。

以社会体育指导与管理专业为重点的学生专业核心素质框架可以使学生明确个人学习目标，根据社会需求进行学习和职业规划，全面提高业务素质和实际就业能力，尽快满足本行业的职业需求。

社会体育指导与管理专业通过专业培训实现人才培养。学生的学习成绩是否符合培训计划的要求以及专业要求所要求的教育水平，取决于本专业的教学和课程设计。随着学校创新创业改革的不断深化，学校和学术界应加强对后续问题的研究和探讨。

第二节 我国体育院校休闲体育专业课程体系构建

体育休闲专业课程体系的研究对于促进我国休闲体育专业化的良好发展，丰富和完善我国体育休闲专业课程体系具有重要的理论意义。合理完善的课程体系，可以促进高等院校尽快培养出一大批优秀的休闲体育专业人才，解决我国体育人才相对匮乏的现实问题，促进国家休闲体育市场健康快速发展，从而提高人民生活质量，满足日益增长的文化体育需求，满足人才需求，特别是对休闲体育专业人才的迫切需求十分重要。

一、对休闲体育专业课程体系目标内涵的认知

休闲体育专业课程体系的目标是一个内涵上的目标体系，体现在休闲体育本科专业的课程结构上，分为宏观、中观和微观三个层次。其宏观层面主要体现在休闲体育专业培养的总体目标上，即学生的素质要求和知识技能结构体现在课程结构上；中观层面主要体现在不同学校的本课程培训方案中，反映了一般培训目标对课程类型、深度和广度的具体要求；在微观层面上，休闲体育专业的课程目标主要是指每门课程的人才培养目标。

人才培养计划属于课程结构的中观层次，其目标是休闲体育课程体系目标要素的主要组成部分。也就是说，培养方案的目标符合国家总体培养目标的要求，是总体人才培养目标的具体落实；培训计划中的每门课程都明确限制了课程目标和教材建设。

二、我国当前社会需要休闲体育人才的类型调查

一般而言，高校培养目标的定位应综合考虑社会发展的需要、学生个体发展的需要和学科自身发展的需要。在这三个因素中，社会发展的需要是首要因素，高校在制定人才培养目标时，首先要考虑社会需要什么样的休闲体育人才。

目前，我国社会对休闲体育人才的需求大致可分为休闲体育产业管理者、休闲体育组织策划者、俱乐部健身教练、休闲体育指导员、体育旅游导游等几类人才。由于当前休闲体育市场处于发展阶段，对休闲体育产业管理者和休闲体育产业组织规划者的需求很大，这可能是两类休闲体育人才排名第一和第二的主要原因。第三类和第四类人才是俱乐部健身教练和休闲体育教练。这一结果的原因可能是俱乐部健身教练和休闲体育市场所需的其他人才可以被专注于体育和运动训练的毕业生所取代。"体育教师"排名第五的原因可能是，有许多毕业生专注于体育教育学，当休闲体育专业的毕业生与他们竞争时，获胜的机会很小。"体育旅游导游"排名第六的原因则是，导游通常由旅游院校培训，休闲体育专业毕业生在与他们的竞争中没有优势。

因此，如果毕业后专注于休闲体育的毕业生成功进入休闲体育产业，想成为健身教练和休闲体育指导员（休闲体育专业）两种最重要的人才培养类型，他们需要增强就业能力，掌握知识和技能。

综上所述，休闲体育专业的人才培养类型应为复合型应用型人才，不仅可以作为俱乐部健身教练和休闲体育指导员，还可以参与休闲体育产业的经营管理、休闲体育产业的组织规划和营销开发。

三、休闲体育专业人才规格研究

根据发展目标的要求，制定了具体的标准，确定知识水平、技能水平和能力水平。因此，在制定培养规格时，需要对与教育目的有关的培训对象提出

更具体、更明确的要求。

一般来说，规范包括对培养对象的思想政治素质、道德素质、能力素质、基本能力和基本知识的要求。由于各体育院校的使命，首先是为学生提供他们日后工作和生活所需的知识和技能，因此要先在各体育院校所制订的计划中，归纳出在业余时间进行体育活动所需的知识和技能架构。在休闲体育专业人员培训计划中，规格说明并不统一。有的直接列在"育人规范"部分，如首都体育学院、沈阳体育学院、吉林体育学院；有的明确列在"职业教育规范"部分，如广州体育学院；有的列在"业务基本特征"栏目，如北京师范大学珠海学院；有的列在"毕业学员基本要求"中，如北京体育大学；有些列在"培育要求"内，例如山东体育学院；有的列在"培育目标和具体要求"部分，如武汉体育学院；其中一些被列为"企业培育要求"，如上海体育学院；其中一些列在"职业培训要求"部分，如淮南师范学院。无论上述院校如何描述及界定课程中的"人才发展规格"，均主要列出了课程发展人员对体育及康乐学校学生的知识质素及能力的要求。

四、休闲体育专业人才培养方向研究

随着我国经济社会的不断发展，休闲体育运动的发展表现出一系列特点：一是身心的发展将成为人们组织休闲娱乐的首要目标；二是妇女、老人、儿童等弱势群体的休闲需求不断增加；三是从休闲体育市场、休闲娱乐服务的规范化、集中化、个性化转变；四是户外休闲娱乐需求不断增加，成为休闲娱乐的主要动力。高校的目标是培养社会所需的人才，所以社会的需要是人才发展的基础，未来的休闲发展趋势决定了高校在休闲体育方面的专业训练方向。高校在确定培育体育人才的任务后，为提升技能、就业，以及达成人才发展与社会需要的配合，必须针对全社会对体育休闲人才的实际需求，确定相应的专业活动方向，主要应考虑以下几点。

首先，在休闲体育人才的培训方面，考虑到城市青少年倾向于展现个性，热衷于时尚休闲和极限运动，因此课程设置则应包括滑雪、攀岩等科目；

同时，考虑到青少年对健美操的需求，应设计瑜伽、台球等项目；还应考虑到，我国越来越多的老年人选择民间、传统的运动，如空竹、秧歌等。因此，高校在发展其休闲体育专业时，都必须考虑到各年龄层在休闲体育方面的健身需求。

其次，要适应体育休闲体育产业化和市场化发展的现实，培养休闲体育专业人才的创业能力。在现代社会，休闲体育的消费特征越来越明显，因此从一开始，休闲体育的专业建设方向就必须精心设计和构建。随着社会的不断发展，对人才的需求亦不断转变，因此应随着整个社会所发生的转变，灵活及适当地调整专业的体育及休闲方式，为适应不断转变的环境，在社会上建立一支能够领导、策划、经营及管理休闲体育项目的体育专业人才。

最后，在决定专业活动的方向时，也要考虑学校的实际情况，例如教学能力、场地设备、历史传统、办学特色、地理特征等，实事求是，不盲目跟风。

总的来说，职业定向的确定要在广泛的社会调查和专家论证的基础上，并要紧密结合学校教学组织的特点，体现休闲体育专业的地域特点，从而培养出不同方向的高素质体育人才。

五、休闲体育专业课程目标体系的构建

泰勒在《课程与教学的基本原理》一书中，为课程目标确定了三个来源：一是"学生自身研究"，二是"校外现代生活研究"，三是"学科专家对目标的建议"。泰勒的这一想法体现在我国休闲体育专业课程目标的制定上，该课程目标的确定需要从三个方面来考虑，即关注学习者、关注休闲体育专业人才的培养、关注休闲体育专业的学科发展。

首先是学习者的需求，即休闲体育专业学生的需求。在制定课程目标时，开发者必须准确地考虑学生的需求，以确保课程目标的相关性。对于休闲体育专业的学生来说，给他们一个正确、恰当、适中的目标是很重要的。只有学生能够达到的课程目标才是合理和切合时宜的，因为能否达到这些目标，主

要取决于从事休闲体育专业的学生，而不是教师和课程专家。关于"需求"一词有如下的阐述："人们对需求有三种理解——一是实际位置和目标位置之间的差距；二是需要什么，想要什么；三是缺少什么。"因此，课程专业人员和教师必须讨论和分析学生的需求，也就是说，他们必须考虑学生的需求，才能确定合适的目标。

其次是专业人才的需要。高校建设的目的，是让学生毕业后能顺利找到工作，尽快融入社会，以配合社会对休闲体育人才的需求。因此，在制订课程时，高校必须考虑到社会需要什么样的管理和经营人才，才能更容易解决实际的就业问题。当然，社会的需求是多种多样的，大学管理人员、课程开发人员需要通过数据来解释社会需求，例如大学生的就业率就是其中一种方法。然而就业率毕竟是一种滞后的数据响应，因此，高校必须有合理的课程目标，以及其他预测社会需求的方法。

最后是专业学科的发展。为了获得更优秀的休闲体育专业人才，首先需要一个有利于职业发展的成熟学科做支撑。由于学生本身正经历一段智力和能力成长的时期，某一学科的发展主要有赖学科专业人员和教师的努力和奋斗。鉴于学科专家更熟悉该学科的概念，更了解该学科的发展趋势，以及与其他相关学科的联系和差异，在确定课程目标时，应考虑学科专家的建议和意见。事实上，在我国古今中外，各种课程的目标都是由学科专家确定的。

很多专业人士认为，只根据学生、社会及学科的需要分析而制订的课程目标，只是课程的整体或宽泛目标。这些表达在目的的广义上是不准确的，需要再次过滤。过滤工具有两种类型，一种是教育哲学，另一种是学习心理学。课程具体目标的制定只能在两次过滤和采样后进行，也只能在排除一些不符合要求的目标后进行。

在确定休闲体育课程目标的过程中，除了采用泰勒的教学及分析方法，还需要引入"课程审议"理念，课程审议是一个集体讨论、选择和决定的过程。只有这样，最终制订的课程目标才会反映大多数人的意见，真正反映学生、社会和学科的需要。同时，课程的预定目标除了要运用"哲学"和"学习心理"，还必须顺应国家人力资源开发的大方向和大趋势，充分考虑到社会、经济和环境条件。培训计划的目标，是经过甄选和综合考虑各方面的需要后制订的，将会切合时宜，并能真正提供指引。

六、构建休闲体育专业课程目标的具体策略

（一）以社会需求为导向，以能力发展为本位

人是生活在社会中的人，因此，人的发展总是与社会的进步和发展联系在一起的。一方面，个人的发展是社会发展进步的基石；另一方面，社会的进步和变革也有利于个人的进步和发展。对于休闲体育专业的大学生，应当通过向高校提供新的教学目标来实现激励和推动社会的发展，反之亦然。在休闲体育学科方面，课程的目标应以满足社会需求为首要目标。

首先，从空间维度来看，社会需求包括学校、城市、整个社会、国家和全人类的需求，因此高校在制定教学目标时，必须考虑到不同层级的不同需求，制定分级的目标体系。其次，从时间维度来看，社会需求既包括社会现时的需求，也包括未来的需求。我国现阶段体育人才市场的特点是资源过剩，体育教育资源几乎饱和，但体育素质和业务素质薄弱，休闲体育经营管理人才十分稀缺。因此，高校在制定人才培养计划时，应加大培养休闲体育管理能力和休闲体育人才市场潜力的培养力度。同时，在考虑社会对真正人才的需求时，也应以社会未来的发展为目标，预测社会未来所需的体育人才类型和数量。

高校在制订教学目标时，不仅要针对社会的需要，更要顾及学生本身的需要。如果专业人士在制订课程目标时，只注重整体社会的需要，而忽略学生的个别需要，则课程目标便会陷入"社会中心论"。例如，根据体育专业学生的特点，入学时身体素质不如体育专业学生，在制定特殊教育任务时，应注重研究学生的技术指标，而不是体育成绩指标；根据毕业后择业的意向和终身职业发展的需要，在确定休闲体育专业学生能力结构的目标时，可以强调学生组织、市场发展和市场营销；在为业余体育专业的学生设定能力目标时，可以把注意力集中在对休闲和运动的理解上，以及对各种运动的热爱上。只有这样，休闲体育专业的学生才会真正融入休闲体育事业，自愿投入他们的运动才能。

其次，从纵向的角度来看，休闲体育专业的不同年级的学生需要特别注意。对大一大二年级的学生来说，首先培养他们对休闲体育项目的兴趣，以及对体育运动事业的关注，重点培养体育运动中的基本知识和技能；对于大三大四年级的学生来说，重点是学习和提高适应社会所需的技能，以发展他们的实践技能和专业技能。结论课程专家设计的课程目标应是构建立体、动态、非线性的目标系统，使课程目标在不同层次、不同维度上交叉、层次化、针对性加强。课程目标体系的建立和完善，并非课程专业人士单方面可以做到的，也需要教育系统管理人员、教师、体育专家、行政人员、家长、学生等各方面的完善和支持。

课程专业人员在确定课程目标时，应始终以"能力发展"的理念为指导。在我国，素质教育的思想已经深入人心，大家都知道，"高分低能"不能满足社会对人才日益增长的需求。因此，课程专业人员在制订课程目标之初，必须制订明确的专业技能架构，制订合理的课程，采取适当的教学措施和方法，最终有助于发展休闲体育组织管理，市场开发和营销的能力。

（二）以学科发展为基点，凸显专业特色

在以往的课程目标的设定过程中，学科知识和学科发展成为体育课程目标的主要来源，这也表明在目标设定中对跨学科因素的重视。作为一门发展不足十年的新兴体育专业，休闲体育专业在确定其课程目标时，首先应考虑其学科功能。作为体育专业之一，休闲体育相关专业还具有一般教育功能和特殊功能。当然，在这种情况下，一般教育功能是体育专业能够培养出符合国家需要的体育人才，而休闲体育的特殊功能是体育专业能够使学生提高休闲体育的知识和技能，从而促进我国休闲体育事业的发展。

"以科学为本的发展"要求课程专业人员在设计及制订专业训练的科目或目的时，必须充分考虑学科或专业与其他科目或专业的不同，以及社会上对该学科或专业的特殊需要。

在我国体育学院设置的传统体育学科中，体育教育的主要目的是培养各类中小学体育教师，体育训练的主要目的是培养教练。因此，在休闲体育领域，必须明确社会上各类体育健身企业的培育和人才培养目标。一个专业要想表现出自己的性质和特点,就必须仔细研究、准确地定位该学科的功能。这些研究和定位工作不能由学生和普通学科教师来完成,而应由这方面的专业人士参与。

休闲体育专业是以休闲体育市场为目标而形成的。因此,休闲体育专业开设的技术课程必须是群众喜爱、群众参与的休闲体育。理论课程应包括休闲、管理、经济学等。由于培养目标是应用型人才,在培养过程中必须加强对学生实践技能的培养,让学生进入真正的休闲企业磨炼和锻炼,培养他们的实践技能和实际工作能力。

此外,从已开设休闲体育专业的体校情况来看,现阶段我国休闲体育专业的专业特色并不明显。我国高校和休闲体育专业的情况非常复杂。休闲体育专业院系名称包括:休闲体育与管理系、休闲体育系、社会体育系、体育经济管理学院、体育社会科学系、公共体育部等。从休闲体育专业院系的情况来看,我国高校对休闲体育专业建设重视不够,导致休闲体育专业缺乏独立性,只依附于其他专业或院系。休闲体育专业缺乏独立性,肯定不利于该专业的长远发展。作为具有为国家培养休闲体育人才功能的体育院校,我们必须重视并逐步解决这一问题。

(三)清晰、准确、规范地表述目标

为了更好地指导教学实践,在制定课程目标时,必须明确、准确、规范课程内容。例如,一些制订课程目标的学校,只是参考学生发展某些能力,而没有具体的要求和标准。这种课程目标设定方法的缺点是表述模糊,缺乏功能性,无法进行精确的测量和评估,也不能为教学目标提供真正的指导。

美国教育专家布鲁姆指出,教学效果可以通过学生的行为表现出来。这些结果表现在学生的行为上,无论是技术性学习还是技能提升,都可以观察和衡量。以行为目标的形式提出教学目标,准确表达教学目标制定者的意图和愿望,并加以理解和实现,可以有效地促进教学目标在教学实践中的指导作用的提高。

在实践中,只有尽可能地将教学目标作为可观察和可测量的行为目标来表述,明确指出学生在学习后可以学习或获得什么,他对技能掌握的熟练程度如何，以及学生的行为发生了怎样的变化，才能制定教学目标，也将有助于教师准确理解目标，并在教学后对学生进行评估和检查。

一般来说，一个明确表述和有针对性地阐述课程培训目标的规范性要素包含四点主要内容。

一是行为主体。这里的主体应该是学生，也就是学习者。比较规范的行为目的描述，开头应为"学生应该……"。虽然课程制定者在制定教学目标时可以省略不写行为主体，但设计者在思考时应该记住课程的主体不是教师，而是设计者本身。

二是行为动词。行为动词是用来描述学生具体行为的动词，可以被用来观察和测量。行为动词可分为模糊行为动词和确定动作动词。"明白、知道、喜欢、享受、相信"等动词是行为的模糊动词，"写、列举、学习、选择、决定、区分"等动词是行为的直接动词。为了使既定的学习目标更客观、更具体、更具操作性，课程制定者必须努力在他们的课程中使用具体的、易于衡量的行为动词。

三是情况或条件。情况或条件是影响学生学习成绩的具体限制或限度。确定情况和条件的目的，是表明学生应在何种情况下进行指定的操作。

四是显示水平或标准。成绩水平或标准是学生在学习后所达到的最低表现水平，用以评估他们在学习成绩或学习表现、结果等方面所达成的成果。在制定课程标准时，通常采用三类行为标准：完成这一结果所用的时间、准确性和执行成功率。

由于课程目标的清晰性及其简单性对之后的教学实践有重大影响，因此休闲体育专业课程目标的准确表述，是休闲体育专业课程制度的一项重要内容，应予以认真对待。但是，在实践中不一定要完全采用上述方法，因为实践教学涉及不可预测的复杂性，例如涉及某些情感领域时，很难用外源术语进行精准描述。

（四）均衡考虑各方需求，构建多维目标体系

平衡兼顾需要，是指在制订和设计课程或培训目标时，必须顾及社会、学科和学生的需要。第一，充分考虑社会对专业人才的实际和具体需求。也就

是说，所有类别的专业最终都是为了社会融合。毕业后不能成功就业，"毕业即失业"是高等教育的失败。为提高学生的教育质量和就业情况，高校在开始培训学生前，必须设计充分照顾社会需求的培训目标和指标。第二，要体现学科的特点，并为其发展服务。每一个学科和专业都不同于其他学科和专业，因此确定课程目标时必须考虑到该学科的具体特点。课程设计人员制定的课程目标或者培训目标，应当为体现本专业具体特点的课程目标或者专业培训目标服务。第三，要关注学生的就业需求。高校的所有工作都是为了教育学生，使他们成为社会所需要的人才。因此，在设计课程目标或培训目标时，负责制订课程的专业人士必须充分考虑学生未来的就业方向和趋势，以及社会对不同专业学生的具体要求。

第三节　基于标准的体育课程设置研究

一、建构基于标准的体育课程设置

制定一个标准的体育课程是关乎制定高质量的体育教学计划的问题，该计划的前提是反映教师的价值观和信念，并包含了重要的目标、符合这些目标的评估、学生从目标到学习经验的选择和组织以及方法指导。在这方面应该检讨设计体育课程计划的决策过程，讨论如何看待体育的培训"成果"、拥有什么样的价值取向、对体育课程的发展有何影响、如何把教师的价值观和学生的期望与标准联系起来，制定评价标准以促进学生的学习动力，确认他们已达到我们对课程标准和教学安排的期望，并提供有效的教学指引，协助学生达成目标。

学生在体育运动中获得的经验应该是他们生活中值得付出时间和努力的有意义的事情的总和。这种体育经验应该通过有效的教学策略来教授，这些策略可以改善学生的学习，鼓励学生积极参与体育活动，为自己的体育经验提供责任感，为学生创造挑战和机会，这些挑战和机会应该融入学生进步评估方法中,这些评估也能够协助教师重整工作,协助学生发展经验,取得学业上的成就。遗憾的是,在现代学校体育实践中,这些方面的课程和教学并没有形成有意义的、连续的、紧凑的、成体系的体育课程呈现给学生,教师往往年复一年地用同样的方法教授这些活动,根据传统的教学习惯,有时甚至盲目地选择,最多是在考虑到新技能的呈现时重点做一下强调;其中一些可能涉及复杂的技能应用或将其转移到不同的运动或情况。造成这些情况是因为教师缺乏课程发展的能力,无法解释他们的课程发展,也不明白他们希望学生在上一个课程结束后知道或可以做些什么。

课程标准的制定不仅规定了学生通过课程学习应达到的课程内容标准和最低学业成绩标准,还明确了教师的教学工作职责。如果课程和教师教学不允许学生达到课程标准的要求,教师应该对他们的工作负责,因此课程标准颁布后,为得到有效实施,应尽快建立绩效课程责任制。然而,课程标准没有明确规定要教授的具体内容,也没有明确规定如何教授内容。课程标准明确规定了学生应该知道什么、能做什么以及他们的价值。从这个角度来看,课程标准应该被视为指导课程设计的一套重要学习目标。教师需要能够解释标准,分解标准,并选择如何达到这些标准。当然,这种选择应该基于教师的理念、同事的理念和学生的理念(课程的需求旨在满足学生的需求)。

二、标准化体育课程设计:目标的界定

标准化体育课程设计中需要考虑的第一个问题是确定目标。作为参加体育课程计划的结果,教育者希望学生知道什么?他们应该理解或能够做什么?什么内容是值得去理解的?教育者寻求的持久理解是指什么?

国家颁布的课程标准作为一种政策力量,规范着课程的实施。体育课程标准应被视为指导课程设计的一套重要学习目标。根据标准确定各级目标,使这些目标与课程标准一致。教师必须能够解释标准,分解标准,并选择如何达到这些标准。当然,这种选择需要专业素质,这应该基于教师、同事和学生的理念。同时,他们应该反思学生的愿望、需求和特点,思考社区的价值观和信

仰以及当前的社会环境。

（一）明确课程理念的哲学

每一位教师在课程和教学实践中都受到自己的哲学观的支配。教师自身可能没有意识到，但它是存在的。什么是哲学？它是如何形成和发展的？哲学由个人的信念和价值观组成，构成哲学的这些信念和价值观反映在对课程的责任感、课程计划服务的目标学生以及采纳和实施课程计划的方案中。教师认为体育运动能做什么？这些信念在实践中如何持续？这对一名教师来说很重要，也很关键。教师认为什么对学生最有价值，他们应该如何体验和学习这些东西，以及如何评估这些东西，将对体育领域发生的事情产生重大影响。这些哲学观点将帮助教师决定什么是值得学生学习的，什么是综合课程计划，什么是重点，以及如何将其传递给教学实施的学生。尽管教师的信念不是决定课程内容或教学方式的唯一因素，但它也至关重要。非常重要的是，教师要知道他们相信什么，以及如何让他们相信的东西与同事的信念相结合，并将其转化为课程模式和纲领性哲学，以指导他们基于课程的标准决策。

（二）分析学生的需求、愿望和特点

教师必须集体决定呈现给学生的体育课程计划的类型，使学生能够达到课程标准，成为体育教育的个体。课程的基本利益相关者是体育专业的学生和教师。这一愿景基于这样一个事实：教师是课程内容领域的专家，学生是课程设计的服务对象。两者合在一起，才是课程中真正的主体。然而，作为教师，应该思考学生需要如何行动来满足课程标准；在这个问题上做决定时，教师必须谨慎，不要太武断；教师需要调查学生的兴趣，定义学生的学习类型，了解他们的生活观念和生活问题（维持日常生活所必需的基础，如日常衣食住行和时间的基本保障）以及其他影响学生学习的因素。

如何开始明确定义学生需求，并利用教师收集的信息帮助教师做出决策？研究建议学习倾听，定期、仔细、系统地倾听，倾听事实，倾听感受，倾听感知和理解。成年人，包括教师，总是不愿意倾听学生的声音，缺乏关于学生需求的信息。通过倾听、观察学生表现、了解他们在哪里努力工作、了解他们离开学校后如何度过时间、与家长谈论学生生活并听取不同意见、实施评估

学生需求量表、评估学生课堂表现等，这些是定义学生需求的方法。在设计学生学习课程时，教师可以将学生需求视为他们目前拥有和可以使用的知识和技能，与教师希望他们拥有的知识和技能之间的差距。关键是通过学生愿意学习、有意义和有时间价值的内容来填补这些空白。

课程应该为学生设计，他们可以积极参与并作出决策和选择。课程内容必须精彩、刺激、具有挑战性或适合学生的需求和兴趣。否则，学生就不愿意合作，即使他们来到体育课上，也不愿意积极参与，甚至做出"叛逆"的行为。当然，课程不应当盲目地满足学生的愿望和偏好。教师应该找出什么对学生最有意义，值得花时间学习。最令学生兴奋的是什么？他们愿意选择参加什么类型的校外活动？他们喜欢集体活动还是独自做事情？他们对户外运动感兴趣，还是更喜欢运动或有节奏的活动？教师需要有意识地设计课程计划，让学生参与他们喜欢的活动，这些活动可以激励他们保持热情，提高和发展他们的知识、技能和理解。同时，向学生介绍新的活动也非常重要，这些活动可能是他们最终喜欢并愿意参与的活动。

三、基于表现的学业评价

根据标准设计体育课程时，需要考虑的问题是开发学业评价。教师如何知道为学生而设的课程目标是否已达到？如何证明学生已经掌握并理解了内容？

评价是以标准课程为基础的一个关键要素，它强调了确定学生应该知道什么以及他们可以做到什么。没有评价，教师、家长、学校和教育行政部门没有机会知道学生的学习是否真的发生，以及学生应该如何达到标准。新课程针对传统课程评价中存在的不足，提出了发展性评价的概念，课程设计和教学实践需要评价来促进教学，课程设计和实施先于教学过程，在"标准分解"过程后，如何在实践中进行这样的评价，以确定学生应该知道什么以及他们可以做什么，课程制定者应该确定学生已经达到这些标准的基础。评价可以从两个角度来看待。

首先，为学习进行评价。这些评价通常与形成性评价有关，目的是促进学生的学习。这里用厨子做汤的方法举例说明形成性评价与总结性评价的差异，厨子在做汤时会根据味道决定需要加哪些调料，这便是形成性评价；当汤做好后端给客人品尝时，即得到了总结性评价。教师可以根据形成性评价来判断学生掌握了多少知识，然后进行下一阶段课程教学的安排。形成性评价可以让学生了解教师的期望，并对自身的进步进行自我评价。

其次，对学习结果的评价，也可以说是总结性评价。这些评价通常与成绩有关，对学生来说，总结性评价无法帮助学生提高学分或改善表现，但却可以根据总结性评价来调节学习安排和计划。确定结果是形成性评价还是总结性评价的标准，取决于这个评价在何时、如何进行的，而不是对这种评价类型的描述。

四、基于标准的体育课程设计学习经验的选择与组织

根据标准设计体育课程时需要考虑的另一个问题是经验选择和教学组织。学生需要什么样的知识才能有效地实现既定目标？什么样的培训课程材料最适合实现这些目标？学生应该如何掌握这些知识和技能？所有的设计都是兼容和有效的吗？

学生体验是实现学校教育目标的一种手段。参加体育课程的学生所获得的经验植根于课程目标，体现了课程目标，是达到体育标准的手段。它们具有相关性和互动性，它们的目标为选择经验提供了指导，而经验又会影响课程目标的实现。

（一）学习经验的选择

在体育课程中，学生学习体育领域的具体事实、观点、原则和问题，以及解决这些问题的方法都属于学习经验。它既包括教学内容，也包括教学活动。学生对内容的了解和理解只能达到知识和技能课程的目标，而课程在过程和方法、感觉、观点和价值观方面的目标必须通过活动来实现，让学生获得一定的经验，并提供通过学习行为习得所需技能的机会。

（二）体育学习活动选择的原则

体育学习活动可以促进学生和环境之间的互动，以实现体育和健康目标。虽然课程的某些目标可以通过内容来实现，但以体育锻炼为主要手段的课程的性质也确保了专业技能目标的实现，而体育与健康课程的人际交流机会与合作，了解并保持运动习惯，对个人及团体的健康负责，健康的生活方式，以达成高水平的技能发展及激励目标，为此进行有效的学习活动是必要的。体育与健康教育课程的选择遵循以下原则。

1. 提供学习机会的原则是为学生提供学习目的的行为和内容。教育活动应为学生提供学习如何达到目标的机会，特别是学习如何达到目标。举例来说，课程的目的是"培养解决健康问题的能力"，而培训活动应包括"解决问题"的经验，第一个是关于行为，第二个是关于内容。知道如何"解决健康问题"不能达成这个目标，必须以这些知识和"解决健康问题"的方法和程序，在日常生活中以实际应用为基础。

2. 实现多层次指标的原则意味着在学习过程中可以获得不同的经验，获得不同的结果，实现不同的目标。内容只是学习的素材，课程设计如果着眼于潜移默化的内容，忽略了情感、态度、价值观等更重要的因素便得不偿失。这些高层次目标取决于培训活动的发展。为较低层次的目标而设计的训练活动不能同时达到较高层次的目标，但为较高层次的目标而设计的训练活动却能达到其所依据的多层次目标。这种可以针对多层次目标的学习模式十分适用，是一种积极学习的模式，但需要更长的时间来学习以活动为特征的各种能力。

3. 活动多样化原则意味着可以通过不同的活动和经验来实现相同的目标。多元化的活动是个别化教学的基本要求。根据学生的性格差异，他们可能会选择不同的学习方式，例如改变学习途径，追求活动的多样性。考虑学生的能力、需要和兴趣，是使内容变得容易习得和目标成为可能的基石。教学活动的选择应以学生的背景为依据，依据学生目前所处的位置引导其学习。

满足学生能力、需求和兴趣的学习活动是实现内容学习和目标的基石。学习活动的选择应基于学生的背景，并引导他们从当前位置开始学习。学习活动的设计可以根据开始学习的能力和速度来制订计划，这样所有的学生都可以循序渐进。

高质量的课程是为那些学生值得花时间学习的重要事情而设计的。当教师面对新学期和一群新生时，他们都有自己的信念，相信那些学生最值得学习的东西。高质量的课程反映了课程标准、学习目标、评估和教学实践之间的一致性和对应性。当然，这个学习目标是基于上述体育哲学和课程标准制定的。这种评估是为了证明学生是否达到了他们的目标，这种教学实践应该为学生提供成功的机会。

当教师的思想贯穿整个课程设计过程时，教师的决策过程必须受到自身对体育的信念、学生的需求、社区价值观和概念、环境问题（如天气、设备状况、课程布局等）的影响。教师必须牢记，体育课程的标准设计是关于改变、改进了什么、需要改进什么，通过设计的学习体验和评估让学生走向未来的设计。这种学习经验和评价用来引领学生去填补他们现有的，和教师希望他们知道和能做的事情之间的空缺，是促进学生学习决策的有效教学方法。

第四节　基于体育院校休闲体育专业课程设置探讨

休闲体育运动的要素总结如下：①精神状态，态度、兴趣和由此产生的自由、从容、快乐等感受；②以体育锻炼为主要活动方式；③时间自由，意味着一个人可以随意支配工作和生活以外时间；④活动空间，即没有压力和束缚的活动场景；⑤经济能力。这五种要素相互联系，构成了休闲体育的结构内涵。其中，精神状态是休闲体育锻炼的关键要素，体育锻炼区分了业余体育和其他休闲活动，时间、空间、自由度、经济等因素是促成休闲体育运动的前置条件。

近年来，随着社会经济需求和市场需求的同步发展，体育专业开始备受关注。截至目前，全国已有10多个体育院系开设休闲体育专业，为社会培养输送专业人才提供了强大的储备，保证了我国社会体育事业的全面发展。然而，也正是由于休闲体育专业热度的迅速上升，导致出现了许多问题，阻碍了其稳定健康的发展。

一、高等院校休闲体育专业课程设置存在的问题

（一）休闲体育专业课程体系的构建没有针对性

目前，休闲体育专业按课程类别分为学科理论课和专业技术课。理论课主要讲授基础知识和自然科学知识，涉及学科所包含的客观事物的本质规律、与知识体系构成规律之间的联系。技术教学就是体育技术教学。教学内容涉及每项教学中的术科技术内容。教学的技术内容与其他专业几乎没有区别。在休闲运动指导方面，既要考虑当前运动的社会流行因素，如轮滑、攀岩、滑板等极限运动，同时还应该兼顾各类俱乐部和健身机构成员对健身项目的需求，如瑜伽、健美操等休闲项目；中老年人喜欢传统的休闲项目，如秧歌、太极、门球等项目。因此，学校和体育部门的休闲体育课程设置应考虑这些社会因素，通过更详细、更深入的社会调查，结合地方特色、社区特色、办学理念和各学校的地域特点，制定符合社会需求的综合人才培养计划。

（二）休闲体育课程呈现同质化趋势

休闲体育运动的要素分为：①个人在参与活动的整个过程中的心理状态、态度和兴趣，以及由此产生的自由、平静、满足和愉悦感；②基于锻炼的身体活动模式；③休闲时间，指个人可以随意控制的时间，也泛指超出工作（生产性）和生活（生理性）所需时间的额外时间；④活动空间，即没有压力的活动场景；⑤经济能力是指社会和社会中的人获得生计的手段、方法和技能。这五个要素相互联系，构成了一个完整的休闲体育内涵结构。其中，心理状态是休闲体育的关键。运动使休闲运动区别于其他休闲活动。自由时间、活动空间和经济能力是休闲体育的先决条件。

近年来，体育院校的休闲体育专业开始增多。各体育院校在专业建设中深入探索休闲体育专业的发展空间，积极投入教学。目前，我国已有十几所高校成功申办了休闲体育专业，培养了大批休闲体育专业人才，对促进社会体育和群众体育的发展起到了积极作用，同时在探索过程中也存在许多问题。例

如，在休闲体育专业快速发展的过程中，课程目标定位不明确，没有鲜明的休闲体育课程特色，与学生未来从事的工作没有很好的联系。体育技术专业课程的创新和课程教学理念有待进一步完善。

（三）课程定位不明确，理论体系不成熟

从课程的理论基础和框架来考量，结合以往的研究可以看出，课程中对学生的教育目标主要强调服务意识的培养。这种趋势冲淡了体育母学科应有的地位，导致培养过程盲目追求社会学理论知识，降低了技术和运动技能的标准。在发展过程中，学生技能的练习明显减少，学生的发展需求导致休闲体育专业的发展陷入了矛盾重重的境地。需要考虑的因素很多，这就直接导致课程目标的定位不明确。

（四）社会需求不明确，师资力量不足

目前，中国休闲体育的社会需求是什么？许多学者对这一问题进行了研究，至今尚未给出定论。在许多学术会议上，这也是学者讨论的话题，但对休闲体育需求的反应是不同的。因此，休闲体育的基本需求难以确定，专业课程也不明确。在这种情况下，休闲科学专业教师的培养还不成熟，尤其是体育专业教师的知识体系阻碍了该专业的健康发展。由于该专业是体育专业的一门新兴学科，早期开设的专业由体育专业教师组成，对本学科的专业认识薄弱，对社会需求的影响没有很好的理解，因此他们无法更深入地把握这一问题的本质。从理论教材分析，本专业是从体育教育专业教材中分化而来，内容相近，没有实质性变化。目前，教材中提到的许多项目由于场地限制而无法开展，这是制约休闲体育专业全面健康发展的重要因素。

二、对体育院校休闲体育专业课程设置改革的对策

（一）明确休闲体育专业的培养目标

我国体育院校应抓住机遇，借鉴发达国家的办学理念，结合我国当前国情和人才培养方式，以社会需求为导向，努力突破传统的人才培养方式，更新高职院校办学理念，以休闲体育市场需求为导向，重新定位人才培养模式，以

一个专业、多种技能为目标，以服务意识为要求，培养复合型休闲体育人才。培养目标应具备体育专业的基本知识和技能、休闲体育专业的知识结构、社会管理、传播和广告知识。其目的是使用什么方法、教学内容、培养什么样的人才以及如何为社会创造合格的人才标准。

（二）明确休闲体育课程的设计体系

休闲体育课程设计应定位于培养学生的运动指导能力。因此，休闲体育专业课程体系框架应突出适用性、实用性和灵活性原则。根据社会对休闲体育人才的实际需求，确定休闲体育专业方向，实现人才培养与社会需求对接的关键环节。在社会需求的驱动下，努力突破传统的人才培养模式，更新高职院校办学理念，以休闲体育市场需求为导向，重新定位人才培养模式，以专业多技能为目标，以服务意识为要求，培养休闲体育专业人才。

（三）开放灵活的课程原则

目前，我国体育院校的休闲体育课程设计与技术学科的学习相对脱节，学科与技术学科之间缺乏良好的相互促进和互补状态。从课程的角度来看，休闲体育专业应强调课程目标和任务的实现，而实际上该学科的教学受到较严重的现实制约。为了突破传统的教学方法，课程和教学内容的选择应该强调灵活性、开放性和动态性，可以根据社会需求的变化不断调整，同时给学生更多的选择。未来我国体育院校的休闲体育专业课程必须打破学科与技术学科之间的差距，建立新的休闲体育课程。

（四）休闲体育特色课程的改革

体育运动的最终目标是塑造人。休闲体育是体育的一个分支。为了各种活动的目的而培养和塑造个性也是分不开的。它具有开放性、休闲性、社交性等特点。因此，对于高校休闲体育专业来说，如何开展休闲体育活动，开设何种类型的休闲课程是亟待解决的问题。首先，区域性是一个必须考虑的问题。例如，发达城市的人们从事的休闲体育活动与偏远地区有显著差异，各民族聚居区也会有所不同。其次，在人口统计学变量的年龄结构因素中，老龄化现象在一些城市较为明显，而且大多数年轻人在一线城市，因此流行时尚课程和传统课程的实际占比应该有所区分。最后，课程改革应包括服务管理的培养目标。这些学生中的大多数在进入社会后将被安置在大型健身俱乐部和社区体育管理中心，体育管理和服务的理念也显得更加重要。

体育院校休闲体育专业建设应科学确定培养目标，合理设置专业课程，精心设计专业管理，合理优化师资结构，不断提高专业水平，从而提高休闲体育人才培养质量，更好地为我国经济社会发展服务。一方面，休闲体育专业课程应确保学生学习一定的休闲体育技能，为社会服务。另一方面，促进学生深入理解休闲和休闲体育的内涵和特点，构建动态开放的休闲体育知识结构体系。建议未来休闲体育人才培养模式应以市场为导向，课程设置应根据不同群体的需求而定。开设具有地域性、时尚性和传统性的多元化课程。同时，培养目标不应失去服务质量管理，努力使休闲体育专业人才不仅适应社会发展的需要，而且在进入市场后具备全面的社会需求质量。

第五节　基于体育院校社会体育指导与管理专业课程设置的研究

随着经济发展和社会转型，人才市场需要大量专门从事社会体育指导和管理（以下简称社会体育）的人才。天津体育学院自1993年开办主要社会体育项目以来，通过全国体育院校的努力，提高了社会体育专业人才的培养质量。但总体而言，社会体育专业在培养目标、课程设置、实践教学环节、毕业设计等方面仍存在问题，严重影响了当前社会体育专业的发展。因此，有必要重新审视社会体育专业培养目标与社会需求脱节、课程设置与人才培养目标偏离的问题，建立科学合理的课程体系，培养符合《高等学校体育学类本科专业教学质量国家标准》中社会体育专业人才培养标准的应用型人才。

立足发展目标、课程与实践教学三者之间的关系，修订现有的社会体育专业人才培养方案，按照《国家高等学校体育学类本科教育质量标准》，理顺课程体系。

一、发展目标、课程和实践相联系

高等教育旨在"人的综合发展",培养满足社会需要所需的专业人才。职业教育的目标必须与高等教育的目标相一致。只有面向市场需求,确定职业定位和资格,从专业技能入手,建立培训模块、构建实践课程和实用培训体系,才能引导培养出符合市场要求的专业人才,实现高等教育的目标。

二、科学定位人才培养目标

发展目标和规格应充分体现专业特点和资格要求。根据研究结果,目前社会体育领域以"管理型"和"创业型"人才为主,而市场需要专业人才的"合格引导",学生的理论知识和特殊技术技能还不够突出。培养出来的学生能力不能满足社会的需要,使专业人员难以就业。

(一)人才培养目标存在问题

1. 人才培养目标定位模糊

主要表现为对能力素质和目标缺乏针对性。1998年出版的《普通高等学校本科专业目录和专业介绍》认为,社会体育专业的目标是培养高素质人才,人才培养目标宽泛,定位不明晰。在实践中,如武汉体育学院为培养应用型人才,南京体育学院为培养专门人才,吉林体育学院则为培养应用型体育人才(摘自以上各学校社会体育人才培养计划)。

2. 专业人才能力与社会需求脱节

社会体育专业的培养目标是:培养具有社会体育领域基本理论知识和技能的高素质人才,他们可以在社会领域组织群众性体育活动,在教学和体育领域提供咨询、指导和经营开发、科研等方面的专业人才。从《普通高等学校本科专业目录和专业介绍》中可以看出,其实制订了培训目标和能力要求,但这只是一份概括性的、指示性的清单,没有具体的专业、方向和明确的指引,只是对毕业生从事的工作范畴进行一个概括性的描述,并没有明确界定岗位所需要的专业技能有哪些。

（二）合理定位人才培养目标

1. 制订切合市场需求的人力发展目标

目前，健身等市场的特点是社会体育机会需求多样化。无论是在就业机会方面，还是在能力方面，都有不同的需求。因此，根据市场需求，在专业总目录中明确培养方向，体现了目标定位的多样化和人才培养形式的多样化，结合学校定位、办学特点、教学能力，场地设备等需求确定具体训练目标，从而树立明确的职业导向。此外，还必须根据社会就业形势的变化，及时调整人才培养目标。

2. 培养目标的重新定位

《普通高等学校本科专业目录和专业介绍》中的人才培养目标只是一般性的、指导性的清单，专业性的、实效的目标尚未明确。在实践中，有必要分析毕业生所担任的职位，根据反映应用专业人员技能的能力来确定岗位特征。通过以上分析，可以将教学目标修改为：培养德智体美劳全面发展，掌握社会体育的基本理论和方法，具备体育教学技能，策划和组织群众性体育活动，指导、经营和管理方面的体育产业应用人才。

三、课程与实践教学体系的构建

（一）设置以人才培养目标为主导的课程

社会体育专业人才培养方向广泛，包括体育指导、体育产业发展、群众体育组织管理、商业活动营销规划，以及体育场地的维修保养等。为了使人才的发展更专业，必须把人才分成若干部分，提供更个性化的培训。根据市场需求，不同的人才培养方向反映出不同的专业理论和技能，如体能训练、体育休闲人才的培养等，要通过具体的培训计划来实现，特别是建立专业中心和发展培训课程体系。

（二）课程应用体系的整体构建

社会体育专业人员必须具备专业、技能和综合的知识和技能，课程体系中的每一个科目都必须与能力的培养明确挂钩，能力的培养必须以可量化和看得见的学习和能力形式表现出来。在开办培训课程时，应根据课程的性质和实践环节，考虑不同课程的逻辑和联系，以及相关知识的需要，合理确定理论和实践课程的教学顺序，并根据知识体系的内部结构确定课程结构。

（三）发展实践课程体系

针对专业自身的特点和体育锻炼的要求，更加注重培养实践能力，涵盖专业技术技能、指导技能等。基础实践课程与基础技能相匹配，与专业技能相匹配；设计综合实践课程，每个实践活动包括多个课程。

1. 提高实践课程在人才培养计划中的比例

实践教学学分不得低于理工科学位学分总数的35%。专业技术科目（如篮球、排球、田径等）不包括在实践教学环节，总课时和实践教学环节学分难以满足教育部文件要求。因此，有必要进一步拓展课程资源的实践环节。此外，社会体育专业的不同方向是多样化和集中的：例如，健身指导应加强作为健身教练和指导方面的实践，体育营销应加强体育产业的营销实践，以反映不同方向的专业特征和个性。

2. 实践培训

实践与训练是培养学生实践技能的重要组成部分。首先，我们应该选择一个系统全面、管理规范的实习基地，在严格的实习管理框架内，按照实习计划规定的内容进行实习，避免实习流于形式。其次，针对不同的方向选择不同的实习内容。统一的专业实习不符合学生的实际需要，不符合体育管理、健身定向、组织竞赛等教育目标的实现。应根据培训目标组织具体的实习内容。

3. 重视职业资格认证

职业资格证书是体育专业技能水平的证明，是进入行业的前提，也是学生就业的跳板。职业体育资格证书种类繁多，以游泳项目为例，如社会体育指导员证、游泳救生员证等。在实践培训环节，要注重资格证书的认证，资格证书可以代替科目考试，也可以直接认定为学分。

4. 实际能力评估

首先应成立一个组织，评估学校和部门的实践能力，负责实践教学的检查和评估。制定全方位的实践技能评估标准，验证学生的实践技能。检查方法可以是集中检查和随机检查相结合，考核方法有形成性考核和总结性考核。

目前，社会体育专业在教育目标、课程设置、实践环节等方面还存在一些问题：不注重学生技能的培养，教育目标偏离社会需求，课程与实践环节无法实现教育目标。要明确社会需求第一，培养目标要以社会需求为中心，在培养学生能力的前提下，合理设置课程，实施环节，社会体育专业才能培养出社会所需要的合格的体育人才。

第四章 核心素养下体育专业课程实践案例

第一节 体育专业类课程线上线下混合教学模式构建

我国教育改革和发展规划要求高校人才培养要拓宽专业口径，合理适应专业学科和环境，适应社会经济和科技发展对人才的需求。面对新时代的新要求，高校人才培养改革必须与时俱进，更新人才培养方式，注重实践技能的培养，提高学生对社会需求的适应能力。

2020年突发公共卫生事件迫使各行各业从线下运营转向线上运营甚至停止运营，高校和中小学的所有教学工作都被迫从线下教学转向线上教学，随后出现了在线直播课程、在线理论课程和在线专业实践课程等，腾讯会议、钉钉、QQ、微信、YY等众多平台的网络课程纷纷上线。多课程在线教学的形式在网上进行，体育不包括在内。然而，线上线下课程内容的分布是否合理，课时组合是否恰当，实践课程的线上教学效果如何，都值得深入研究。

一、高校体育专业类课程线上线下混合教学模式构建的必要性

（一）科技创新的需要及智能教育的发展

目前正在研究在体育课程线下建立混合训练模块的可行性。线上线下教学是科技发展、信息技术创新和媒体教育创新的产物。科技创新有利于媒体优化升级。当前智能教育的发展，线上线下的混合教学不仅是一种流行的教育组织形式，也是高等教育组织形式发展的必然趋势。体育线上线下课程模式是一种综合性教学体系，旨在提高学生的专业知识水平，拓展学生的专业视野、

专业化水平和相关知识，指导线上线下的实践以及在线的理论和技术。在现阶段，培训的重点是提高专业技能。体育线上线下混合式教学模式的建立，不仅可以让学生接触到可以拓展和掌握体育相关知识的在线课程，还可以不断更新辅导线下的学习训练方法。因此，线上线下混合教学模式在体育运动领域的应用将成为高校体育线上线下混合教学的一个革命性方向。

（二）教育改革、培训和人才发展的需要

高质量发展是当今社会的主题。改革和创新是教育改革的关键动力。教育人民了解党和国家是人才培养的最初使命。2020年12月，中共中央办公厅、国务院办公厅发布《关于全面加强和改进新时代学校体育工作的意见》，强调要全面贯彻党的教育方针，深化学校体育、教学改革。在教育改革实践中贯彻落实党的方针、政策，关键在于优化和创新人才培养方式、学科课程建设和教学组织形式。线上线下混合教学是实施政策导向和教育改革的实践体现，构建体育课程线上线下混合教学模式是适应发展需要的一种潜在形式。

（三）课程优化、教法创新发展的需要

实施课程优化改革的关键是课堂组织，其组织效果在很大程度上取决于教学模式的选择和应用。在较长时间内，体育学科都有改变的趋势。体育教育是以体育活动的形式进行训练的体育实践的体现，而为了在课程中进行身心锻炼，线上体育课程的实施可以说是科技进步、教学手段创新的结果。但线上体育课程带来的影响是双面的，在体育教育方面，引进了不同形式的教学，目前正致力推行一套综合的体育教学方法，因此线上线下的混合教学组织模式是改革教学课程的首选方式之一。直通线上线下的混合教学模式可以深化体育学科优化、教法创新；教学单元涵盖内容结构、课时计划、组织教法、课程评估、课程考核等。

二、高校体育专业类课程线上线下混合教学模式构建路径

（一）模式构建的目标

新课程模式的最终目标是提高教学水平，提高人才培养质量。教学模式

是教学理论与教学实践相结合的结果，是教学理论应用于教学实践的桥梁，实现课程改革新理念的关键是课堂教学，而课堂教学效果在很大程度上取决于教学方法的选择和应用。近年来，体育课程教学模式设计和概念创新取得重大进展，体育专业线上线下混合教学模式的建立是体育课程教学组织的一种全新形式，将线下教学与线上教学相结合，深化了线上理论，通过引入线下混合教学形式，搭建体育理论、体育技术的混合课程平台，将两种教学方式有机融合，提高体育教学水平，是展示模式效果的关键。

（二）模式构建的基本要素

教学模式是在一定的理论和思想指导下进行教学活动的基本结构。线上线下混合教学模式，以人才培养计划、课程设置、理论模式为基础，以大学体育专业化教学目标，作为教学指导模式，在教师的引领下，按照线上线下教学地点和教学形式实施落实。课程学习的形式多种多样，如线下技术教学与线上技术回放分析相结合，线下技术教学与线上理论发展相结合，线下技术实践与线上技术观察讨论相结合，等等。

（三）模式构建类型

高校体育课程的特点在于理论课和技术实践课的完整教学。理论课程有多种形式，但技术实践课程必须线下实施。理论课程的学习侧重于技术训练方法、技术训练原则和技术训练安排等理论和文化课程，技术实践课程侧重于掌握个人技术实践、战术团队实践和技术实践方法。线上线下融合教学模式的构建以"互联网+教学"为基础，实现线上线下融合教学模式，充分利用网络课程时间灵活、形式多样、覆盖面广的媒体优势，结合目前的线下课程教学形式，高校体育课程的混合模式可分为四类：线上教学理论与线下教学技术相结合；线上理论课与线下实践课相结合；在线观摩课程与线下实践课程相结合；线上拓展课程与线下大纲课程相结合。

（四）模式构建流程

1. 整合线上线下课程资源

课程资源包括校内教学资源和校外教学资源，而发展体育专业混合模式课程的资源则包括校内网上教学资源和校外网上教学资源。线上体育课程的资源可根据人才培养计划的需要，分为线上大纲课程和线上拓展课程；根据课程内容可分为线上体育理论课、线上体育战术观摩课、线上体育实践观摩课。学校体育课程的教学资源是专业人才培养计划的必修课，主要分为理论学科和技术学科。线上课程的综合资源是开发混合教学模式的基础，每一门课程的每一个教学板块都会引入线上教学和线下实践教学模块，每一节课都会在线上和线下的教学部分进行详细阐述，这是线上线下课程资源整合的关键。

2. 线上线下训练课程设计方案

体育专业课程混合教学模式的制定一般包括以下几个阶段：课程类型的确定、课程主题的确定、教学思维的分析、教学模式的重构和课程实施。

（1）课程类型的确定

体育专业的课程主要包括技术和理论学科。理论课程和技术课程的共同特点是：一是可以进行线下教学，二是可以进行在线教学的回放。不同的是，理论课可以在网上或线下进行；技术课程仅能在线下实践。课程内容需要区别对待、区别选择、及时组织。

（2）课程主题的确定

包括技术教学主题、理论教学主题、技战术观察主题、实验观察主题等。不同课程主题的学习需求和学习目标不同。技术教学的主题包括掌握技术动作、锻炼身体素质和意志、达到乐趣运动的目的、提高公众合作意识等；理论教学的主题主要包括特殊体育技术的理论知识、体育规则相关理论研究、体育产业相关理论研究、体育历史相关理论研究等；技战术观察的主题包括体育赛事观摩、战术技术分析等；课题的实验观察包括实验过程观察、实验结果分析等主题。

（3）教学思维的分析

分析体育专业课的课程思维安排主要包括线下理论教育、线上理论教育、"线上理论预习+线上理论随堂教育"、线上技术战术观摩、线上教育实操观摩、"线上技术战术观摩+线下随堂技术战术实践"、"线下随堂技术战术练习+线上技术战术再生评价教育"等。

（4）教学模式的重构

重构基于高校体育专业课程现有的教育形式，充分考虑特定项目的特点、理论课程的特点、课程类型、课程主题的特点及课程构想，探索体育专业类课程与混合教育模式的有机融合，科学合理的综合各要素，构建不同课程的线上线下教育模式。

（5）教学实施

教学实施是实现教育目标的核心阶段。教学实施策略的选择是根据教育内容、教育目标和教育对象特点的需要而进行的。同时，考虑到特定教育环境的必要性和可行性，为其他课程的教学组织提供了参考模式。教学实施是检验和改进教育模式的关键阶段。将该教学模式应用到课堂教学实践中，综合该模式的优缺点，将有助于不断改进和完善该模式中的差距。

（五）构建教学模式评价体系

体育教学评价是体育教学的重要组成部分；是对体育教育活动的价值及其效果的评价，它直接影响到体育教学的各个环节。线上线下混合教学模式是近年来"互联网+教学"发展的产物。评价体系的构建是教学模式长期发展、持续改进和优化的"参考"。体育课程线上线下混合教学评价体系的构建应包括线上教学评价和线下教学评价两部分。要从宏观上全面构建线上线下课程评价体系。

1. 混合教学模式评价原则

（1）科学与发展相统一的原则

混合教学模式的评价体系仍在探索中。坚持个性化的科学评价标准，是对课程模式是否适合学科发展、是否值得推广的科学思考；坚持发展观是优化和推广创新教学方法的参考。

（2）完整性与客观性相统一的原则

综合评估教师教学和学生学习是否在整个混合教学过程中得到充分体现，教育合作是否能满足教学目标的要求。

（3）定量评价与定性评价相结合的原则

定量评价包括将事实和价值观分开，强调对课程的严格科学控制，根据成功或失败、好或坏来判断，并强调科学性、客观性和准确性。定性评价尊重现实，全面反映课程的教学效果，以人为本，评价者是主要的评价工具，突出对学生情感、认知和行为技能的全面评价。综合定量评价和定性评价，二者相辅相成。

2. 混合教学法评价标准的定义

教学评估标准主要根据人才培养计划、课程大纲和课程标准制定。体育课程线上线下混合教学模式从符合课程要求和课程目标出发，根据以下指标制定详细的标准进行评价：①教师教学准备是否充分；②线上线下课程内容的提供是否合理；③学生的学习能力如何，他们能否通过组织在线课程主动学习；④学生的线上理论学习和线下实践水平是否有较大提高；⑤学生是否能够适应或认可混合教学这一模式。

（六）模式构建注意事项

体育课程线上线下混合教学是将原有的线下教学整合为线上任务、线上课时、线上课程内容的综合课程模式。

1. 课程建设要突出特色，对专业课要区别对待。体育课程涉及的项目广泛，应根据自身特点建设若干专业课程。

2. 线下课程应注重实践，线上课程应加强内涵拓展。体育课程的线下课程侧重于技术实践、规则实践、训练方法实践等。在线课程的重点是实施理论解释，制定规则，积累技术和战术训练方法的经验。

3. 不断优化、完善混合课程。持续改进课程内容，线上线下课程结合要不断优化创新、合理配置、整体布局，更新课程组合模式。

构建高校体育课程线上线下混合教学模式，可以梳理线下课程内容、整合、拓展线上课程资源，充分利用线下课程实践，提高学生的专业技术水平，充分发挥网络课程的教育便捷性和拓展性，增强学生的专业理论基础。在建立制度化、现代化、高质量的学校卫生健康体系的背景下，构建单一的体育与健康课程线上线下混合教学模式，将是改革多样化、现代化、高质量学校体育的有效途径之一。

第二节　高校社会体育指导与管理专业课程设置的现状与对策

近年来，随着我国经济社会的快速发展和全民健身活动的蓬勃开展，社会体育领导与管理作为一门新兴的交叉学科得到了迅速发展。相关数据显示，自1993年天津体育学院率先开设社会体育专业以来，截至2008年底，已有230多所高校开设了社会体育专业，但社会体育人才培养计划的课程体系和课程内容仍处于不断完善和发展的过程中。2013年8月，另有九所高校在教育部资源网站上申请该专业。根据他们的数据，这些大学已经做了足够的市场调查，培训计划反映了每所大学对这个专业的最新理解和思考。通过对这些高校公布的高校社会体育定位与管理课程的分析，探讨了社会体育定位与管理人才培养计划的现状和存在的问题，为了提高社会体育专业人才培养质量，促进社会体育事业的发展。

一、社会体育指导与管理专业课程设置现状

九所高校的课程体系结构基本相同，大致由通识教育平台、职业教育平台和综合实践教育平台组成。职业培训平台是专业人才培养的主体。不同院校的课程设置各不相同，但必修课和选修课的目的一般都与体育、社会学、管理学和经济学的"理论课程+体育技术课程+管理课程"有关（有些没有方向课程）。根据其训练方向，有些侧重于社会体育的运营管理，有些侧重于掌握运动技能，这些只是简单地增加或减少体育课程体系的内容，仍然没有脱离体育课程的组成方式。

（一）专业必修课程开设情况

专业必修课程包括专业基础课程和专业主干课程，是高校学习专业的大学生必须学习专业知识和专业技能的课程。它们是职业教育计划的核心部分，

包括专业理论核心课程和专业技术核心课程。各高校开设的课程包括教育部提供的主要学科：体育和公共管理；基础课程：社会体育概论、体育俱乐部管理、体育管理概论、社区体育概论、体育经济学、体育健康评估与处方、体育理论与实践。此外，共开设了60个相关学科。体育和管理课程占大多数，分别为25门和14门。相对而言，市场营销课程略显不足。体育理论课程包括基础体育理论课程、运动康复与保健课程、体育教育、运动训练、休闲体育、竞赛组织与组织等，课程比较全面。体育技术课程不仅包括田径、体操、球类等传统体育项目，还包括健身、瑜伽、高尔夫等现代新兴健身项目。在这些必修科目中，一些高校采用有限选课的方法来增强学生的专项掌握能力。

（二）开设专业选修课程

各学院的专业选修课以理论课和技能课为主，是专业课程的整合和拓展，知识面广。理论课共有23门课程，对专业课程进行了一定的拓展，如体育专业新闻课程、老年人课程、针灸等。对于技能专业的选修课，一些学院分为专业选修课和次选修课，而一些学院没有选修课，只有方向选修。

（三）开设专业方向选修课程

专业方向课程是一组连接专业工作方向的课程。这些课程具有专业特色，适合学生未来的职业或工作岗位。它们是职业指导培训的保障。

二、社会体育指导与管理专业课程设置主要存在的问题

（一）培养目标定位宽泛

由教育部高等教育司编写的《普通高等学校本科专业目录和专业介绍（2012年）》确立了社会体育指导与管理重点大学的培养目标，即："本专业培养适应社会发展需要的应用型人才，掌握指导和管理社会体育的基本理论、知识和技能，能够从事社会体育活动的健身咨询、技术指导、组织和管理。"但其中只设立了社会体育导向与管理专业培养目标，9所高校的社会体育指导与管理专业的培养领域和课程设置有所不同。例如，三明学院的教育目标是"能够从事社会体育领域的组织管理、活动规划、技术指导的应用型人才"，

新余学院则是"具备组织和管理群众体育活动、社区社会体育指导、体育产业管理、中小学体育教学的能力",不同高校的培养方案突出了人才培养的不同特点。

(二)专业方向设置职业教育不明显

个别高校中培训计划没有明确的方向划分;在选修方向明确的高校中,有些方向与社会体育职业教育关系不密切,如社会科学、体育科学,甚至中小学体育教育与训练与大学体育专业相混淆。在专业管理的构成中,一门课程的学时基本上是32学时或16学时。由于掌握运动技能的特殊性很强,课时和学分相对不足。例如,在高校体育表演方向上,拉丁舞、肚皮舞、瑜伽的学时为32学时,这只是一个初步的介绍,很难培养出专业基础深厚的人才。在某些高校中,综合管理课程的学分比例为6.2%~9.69%,这一比例较低,无法满足其专业就业所需的特殊专业能力。课程模块化、系统化程度不明显。专业方向选修课的开放时间普遍较晚,不符合"先会后懂"的初学者的认知规律和职业发展规律。

三、对策

(一)专业培训应定位于社会体育领域

首都体育学院赵立教授在思考社会体育专业培养目标的定位时认为,社会体育专业培养目标的定位应与其使用密切相关。究其原因,一是在我国体育产业中,社会体育产业已初具规模,产业和市场体系的基本框架相对清晰,体育本体市场,包括健身体育娱乐市场和运动训练市场,逐步发展成为层次分明的产业。二是虽然社会体育指导员等级中的"地位"属于社会体育的范畴,但它属于公益性的"岗位"。因此,社会体育专业毕业生的劳动力市场定位应优先考虑商业体育人才市场和合格人才的培养。总之,健身型人才的基本技能不仅要包括健身型人才的基本技能,还要包括销售管理的基本技能。因此,社会人文方向、运动科学方向和体育教育方向不适合作为这一重要方向的内容,因为它们不属于社会体育产业的范畴。

（二）深化专业管理课程，满足专业能力需求

专业课程应满足社会体育对人才的需求，将"领导社会体育活动的能力、与人沟通的能力、发展和管理社会体育产业的能力"定位为社会体育专业人员必须具备的三项基本技能。在课程理念上，强调社会体育课程与职业教育的紧密结合已成为主流。在《普通高等学校本科专业目录和专业介绍（2012年）》中，"社会体育"专业更名为"社会体育指导与管理"专业。通过"指导与管理"对"社会体育"进行修改，使人才培养的定位更加具体、明确，更符合"应用型"人才的培养目标。一些学者认为，在课程设置中，不仅要考虑人才对社会的适应性，还要高度重视社会对人才职业技能深度的要求，将职业培训理念融入大学教育。以"厚基础、宽口径、深专项"的理念，构建"通才+专业"的课程体系。

所谓专业人才的培养体现在专业管理的设计上。专业课程应模块化、系统化，提高专业课程的比例。此外，专业方向选修课的时间长短直接影响学生专业技能的培养。根据职业技能培养规律和体育技能实践性强的特点，职业指导课程可以从一年级开始，连续开展三年六个学期，体现了"边做边学"和理解先行的职业成长规律，从而使课程体系的切入点从宽泛抽象变为专业具体、贴近学生实际、易于激发学生学习兴趣。

（三）构建以职业管理为导向的课程体系

按照目标导向法，根据培训目标对应的岗位群和应知应学的知识技能清单，构建专业基础课程，根据不同方向的课程需求，搭建相对广阔的公共核心课程平台，通过公共核心课程平台和综合素质实践与发展平台，培养本专业学生应具备的核心素养和技能。

（四）加强专业人才培养中实践教育环节的设计

根据市场需求实现"应用型"人才培养目标，必须坚持理论与实践有机结合的原则。通过强化理论基础，构建独立、鲜明的实践教学体系，丰富实践教学的内容和形式，融入"工学结合"和"校企合作"的职业教育培训理念。在校外，高校可以与企业签订实习和培训基地；在校内，高校可以通过教学实施一体化教学模式，并利用大学生体育协会、学校健身体育俱乐部等组织提高

学生的管理和培训能力。坚持课堂教育与课外教育相结合，实现课堂内外、校内外实用教育环节的总体设计和布局，注重课堂内外环节的交叉、整合和互补。

第三节 高校休闲体育专业课程设置的现状与对策

一、休闲体育研究现状

休闲体育早在西方就已经发展起来，休闲体育的萌芽期是欧洲历史上著名的文艺复兴时期。这一时期人们的思想得到了极大的解放，开始试图突破传统封建伦理的枷锁，复兴古代文明，注重对个人自由主义等精神方面的追求，也注重个人休闲生活方式，这一时期出现了许多新的休闲体育活动。同时，体育的观念也发生了变化，关注体育活动对人们的健康、情绪、缓解压力等方面的作用。此外，休闲体育的内容还融合了古希腊和欧洲的文化经典和音乐精髓，现代社会一些流行的休闲体育项目也在萌芽。

1850年前后，第二次工业革命的到来对人类社会的发展起到了重要的推动作用。人们逐渐丰富了物质生活，开始追求精神生活的层次。人们休闲时间的增加，意味着许多休闲体育在这一时期得到发展并占据重要地位。

20世纪中叶，联合国教科文组织对许多欧洲国家的国民体育需求进行了广泛的调查。这项大规模调查的结果显示，人们对休闲体育的需求远远超出了想象。这一结果也引发了全球范围内的讨论和关注。

1970年，休闲体育在发达国家基本上大规模开展，并面临着人们生活方式的重大变化，学者将其定义为体育发展的新时期和里程碑。一些研究表明，体育运动将开启一个以娱乐为主的新时代。在提高生活水平和生活质量的前提下，人们追求朋友、伴侣和家庭带来的精神世界和幸福。人们对精神生活的探索达到了一个新的认识水平。1970年，世界休闲组织（又称世界休闲与娱乐协会）制定了《休闲宪章》，它提出了"所有人都有参与娱乐活动的基本人权，所有政府都有义务承认和保障公民的休闲权利"的概念。该宪章的制订表明，休闲体育已得到世界各国法律的承认。这些都是现代休闲体育的发展历程。

现代休闲体育起源于20世纪70年代中期经济发达的美国。当时的美国年轻人以自我为中心，旨在挑战自然、超越极限，追求刺激的体验和生活。此后，这类体育活动逐渐进入人们的视野，并被纳入体育的范畴，属于体育活动的一种，新事物自此开始不断涌现。

此后，随着人们对现实的不断追求和对休闲体育需求的不断增长，休闲体育在人们生活中的比重越来越大，休闲运动的范围自然也越来越大；尤其是现代民族传统体育的加入，丰富了休闲体育活动的选择性，形成了大众休闲体育就是休闲体育的概念。1975年，欧洲共同体（欧盟前身）还制定并批准了《大众体育宪章》，旨在通过大众体育和大众休闲体育促进人们生活质量的提高，从而确保人们的健康和幸福生活。1992年5月，第七次欧洲体育内阁首脑会议通过并颁布了新的《欧洲体育宪章》。新宪章再次重申了参与休闲体育在国民生活中的重要性，确认了每个人都有权参与体育活动，并为休闲大众体育的发展方向制定了具体的指导方针和政策。21世纪，休闲体育得到了世界各国政府的支持和响应，并制定了有针对性的国家发展计划，如美国的"健康公民2000年"、澳大利亚的"活跃澳大利亚"和加拿大的"活跃生活"。从那时起，休闲体育这个概念已经被全世界所认识和熟知，并逐渐成为世界范围内大众体育发展的主流。

从中国体育史的发展来看，可以分为改革开放前后两个时期。改革开放前，体育发展的中心是立足社会本位，强身健体，维护祖国荣誉，为国争光。这不仅是发展的主题，也是运动员的价值取向。个人健身和娱乐的价值只存在于少数富裕家庭和社会团体中，不是体育价值的主流，这是这个历史时期公众对体育的理解。改革开放初期，人们过分相信体育可以激发爱国热情和民族自豪感，过分追求体育的社会价值。在此基础上，人们开始重视体育运动，体育运动对保障全民族特别是青少年的健康发挥了重要作用。20世纪90年代中期，我国出现了体育职业化改革。从那时起，体育开始成为一种职业，并存在于社会环境中。此后，体育发展开始真正反映人们多样化的体育需求，体育休闲时间的价值开始反映并开始被公众评价。这一现象反映了国家和社会需求的多元化发展趋势，反映了对体育价值的判断，这是非常重要的一步。随着休闲体育逐渐进入人们的视野，体育活动逐渐从关注社会需求发展到社会和个人的共同需求。休闲体育产业的出现，表明休闲体育是当今社会一个新兴的热门产业。体育休闲的本质逐渐增强和体现，休闲体育的社会地位和体育休闲人才的社会地位也开始提高。

二、休闲体育课程设置研究现状

体育休闲课程的科学性和合理性至关重要。它对体育休闲领域取得的目标和成果、体育人才培育的质量以及有效休闲体育产业的发展水平都有影响。体育休闲专业课程的建设应因地制宜，并应顺应国际休闲体育的世界趋势，以市场变化为导向，提供切合实际和切合行业需要的体育项目，强调课程之间的相互关系和相互关系，促进学者在业余时间对体育运动产生兴趣，并形成个人的研究和发展目标。

有学者采用知识结构的思维方式，分析网络的动态结构。休闲体育专业课程的内容可以调整为相对静态的知识结构。同时，对休闲体育知识的动态结构与专业课程内容的关系进行了揭示和探讨。研究认为，休闲体育核心课程应以全面了解学生的知识水平和体育活动水平为基础，结合学生的实践技能，建立符合学生水平的多元化休闲体育课程体系，学科的社会需求和发展目标，也是符合新时代发展特点的新时代课程体系。

另有学者认为，休闲体育课程的设置应该从现代和后现代历史发展的角度进行思考。在结合这两个视角的前提下，不仅要考虑社会人才对休闲体育课程的需求，还要考虑如何让学生从更深层次上理解休闲体育的含义，完成休闲体育的发展。通过对休闲体育课程内容的分析，并与我国休闲体育发展现状进行比较，发现当前休闲体育课程内容相对单一、陈旧，课程开发的比例不平衡，对传统体育的依赖程度过高。在这一点上，有专家建议由主管部门承担责任，成立休闲管理机构，负责对课程目标、开发内容、课时和休闲体育课进行科学研究，为高校开展休闲体育奠定基础，引进科研人员对休闲体育理论进行详细研究，对当地乃至全国范围内休闲体育的发展和实施，以及促进我国体育事业的发展具有重要意义。

（一）公共基础课程

公共基础课程是普通教育课程，也被称为"基础课程"或"普通课程"等。在这类涉及知识内容较丰富的学科中，一般设置思想政治课、交际英语课、文学课等，丰富学生的基本知识。

（二）专业必修课程

根据教育部门的有关规定，普通高等教育院校为学生开设专业科目，学生必须在学期内学习专业知识和技能。学科和术科是体育休闲专业的必修课。课程的丰富性和复杂性是由课程的专业性决定的，在休闲体育指导管理方面具有较高的实践水平，能够参与休闲体育活动的组织和服务、指导和管理、策划和设计。为此，在致力增加学生知识的同时，大部分开设休闲体育专业课程的院校，都会鼓励跨学科培养人才，这些学科课程作为必修科目，涵盖范围较广，如经济学、医疗卫生、旅游等。

（三）选修课

根据政府教育部门的规定，普通高等教育院校为学生提供机会，让他们在计划课程内选择其他科目，以自愿选择课程为基础，根据本身的学习基础、兴趣、喜好、专长等选报。课程种类一般分为两类，即限制性或任意性选修课程，根据科目性质及学生的专业需要而开办。而选修课程的选择基于学生自身对学习的兴趣、爱好、专业化等。课程的主要目的是开阔学生的视野，提高他们的知识水平，以及提升他们对某一领域的学习、爱好和专业的兴趣。

（四）教学实践

教学实践，无论在哪一个专业都很重要，切实有效的实践活动可以帮助学生了解社会、服务社会、增加知识、开阔视野，增强社会的适应能力。只有不断在社会上实践，不断从实践中汲取教训，不断总结和提升，才能为将来进入社会打下坚实的基础。

三、休闲体育专业课程设置中存在的问题及对策

（一）存在的问题

1. 课程范围不够广泛。大部分都是仿照课外活动及其他相关专业的训练计划而建，要自行设置训练计划，必须结合实际，制订特别训练计划，培养特殊的休闲体育人才。

2. 就业前景较好，但方向单一。当前，作为一个新兴行业的休闲体育市场非常广阔，但能够从事休闲体育研究及教学的专业人士少之又少。因此，在休闲体育就业方向中，必须纳入专业学习和师资培训，这类专业通常比较成熟，适宜辅以教育学等教学学科。

3. 学分设置不合理。目前有些大专院校在休闲体育专业分数设置方面，存在一些不合理的现象，学生认为目前必修课分数太多，选修课分数太少。可以通过增加选修课的分数来提高他们的学习动机。

4. 课时设置不合理。体育必修课的教学时间太长，导致学生厌学，甚至经常在必修课上旷课。所有这些都是由于课时安排不合理、学生希望增加学生感兴趣的选修课和课时、相应增加选修课的课时可以激发学习兴趣，同时确保学生的注意力和学习成绩得到提高。

（二）解决的对策

1. 提高课程质量和丰富度。课程的目的是培养所需的人才，一个成熟专业，其课程发展无疑非常重要，课程的内容和结构便证明了这一点。个别院校专业课程目标不明确，建议开设与培育目标相适应的专业课程。丰富课程种类，引进新思维。由于目前休闲体育课程还不成熟，一味遵循、模仿其他成熟的学科，确定课程设置的观点和方法，容易造成忽视休闲体育的专业特性。

2. 丰富课程种类，提高学生的学习兴趣和增强学生的能力。一个非常重要的因素是，在综合类大学，教授不同学科的专业人才较多，因此在必修科目中加入经济学等科目并没有问题。同时，鉴于本地区可创造的环境，休闲体育课程设置亦须尽量改善。

3. 合理分配学分。教学目的是激发学生的学习和思考能力。在传统的专业训练科目中，基础必修课的地位十分重要，同时，基础必修科目也是学生学分的重要来源，导致留用的学分相对减少。考虑到大多体育院校此前开办的专业设置经验较早，有必要更加合理地设置新兴的休闲体育专业的学分，保持学科主体性、必修性地位义无反顾，但适当地降低基础必修课的比例，给选修和实践学科更多的分数，学生的学习积极性也能够有所提高。

4. 增加学时，扩充休闲体育课程的种类。通过调查分析发现，目前在体育专业的高校，选修的课程都是理论性的，基本上没有实践指导。因此，可以加入一些实用的活动，特别是现时与休闲体育学科挂钩的，例如平衡车、攀岩等热门选修科目。在课程相对完善后，课程总数中所占的学分比例也会逐渐增加。在制订课程时，鼓励学校及有关机构在适当情况下，考虑与休闲体育活动有关的体育专业的新颖性和特殊性。例如，对大学英语必修课制度以及"毛泽东思想和中国特色社会主义思想理论体系概论"，这些科目如果完成了课程，体育休闲专业的学生可以适当地减少学时。可在实践中合理分配课时，根据学校的地理位置，定期组织学生课外活动，这能够提高学生的实践能力。

5. 提高教育水平，制定教育和研究计划。休闲体育是一个对经济发展具有重要意义的行业，也是一种需要研究和训练的职业。因此，在开设休闲体育运动课程时，应考虑教育培养目标。既要善于从事休闲体育，又要深入开展休闲体育的研究和教育。这是一个成熟的职业所需要的学习目标之一。建议开办一系列与休闲体育理论教学有关的课程，并定期邀请体育运动专业人员授课，让学生在毕业后有更多元化的选择。

第四节　高校体育专业学生体育学科核心素养职前培养

随着近年来对核心素养研究的深入，学者结合实际将核心素养研究扩展到各个学科。学科核心素养的意义和价值集中在人的教育上，学生在学习了这些知识之后，应该形成具有这种特点的独特素养。体育学科核心素养是学科核心素养的一部分，对改善学生的身心健康以及学生的持续发展具有重要意义。体育学科核心素养，必须符合体育专业学科的培养任务和要求，才能满足不同学段的发展需要，最重要的是要向学生灌输不断体育锻炼、自主锻炼的意识，使他们在体育运动中形成学科核心素养，促进学生的身心发展。

一、体育学科核心素养的培养是体育专业学生职前培养的重要环节

新时期的教育理念更加注重学生的全面发展，学科的基本素质可以促进学生的全面发展。体育学科核心素养是培养学生基本素养的重要内容，也是体育专业学生职前培养不可缺少的组成部分。培养大学生体育学科的核心素养，不仅可以提高他们的身体、心理素质，养成良好的生活、作息和运动习惯，同时也有助于体育专业学生在毕业就业后继续培养体育学科的基本素养。体育教师是培养学生体育学科核心素养的主力军。体育专业学生未来的职业方向主要集中在体育教育系统中。在职前培养过程中结合体育学科的核心素养，具有重要的现实意义。

二、高校体育专业学生体育学科核心素养职前培养策略

体育学科核心素养的培养是一个漫长的认知过程，其核心是人的核心素养。学生体育基础学科的研究与发展不仅要从教学的角度出发，还要从教师教育的角度出发，以下从三个层次对高等院校体育教学、师生提出体育学科核心素养的职前培训方案。

（一）教学层面
1. 教学方法的应用

教学方法作为教师传授经验和知识的专门手段，对教学效果和学生学习成绩有着深刻的影响。在体育专业学生体育专业化、基础课前培训中，首先要求高校教师围绕体育专业的基础学科进行教学内容和体系的选择，优化教学

方法。目的是培养学生自主学习能力，发展体育专业学生的学科核心素养。其次，职前培训应作为发展体育相关基础学科教学方法的出发点。在采用任何教学方法时，均应考虑个别学生与学生组别的差异，找出差距，消除差距，并根据现有的差异选择教学方法。

2. 教学内容选择

课程内容应包括身体状况、身心状况、教学训练知识、健康生活知识、健康饮食和健康管理等。此外，还必须根据实际生活和健康状况选择和编制培训材料。将教师在体育专业开始前准备的必修课和选修课，特别是必修课的教学和训练内容纳入教材，丰富教学，使学生能够学习专业课程知识，并了解学科核心素养的相关内容，今后当他们走向社会，能够将体育学科核心素养和知识转化为学生的学科核心素养。

3. 制定学习目标

教学的主要目的是在体育运动中实现育人而不是健康的功能，体育运动具有锻炼身心的目的。然而，随着体育学科的发展，体育从业者开始将体育运动背后的文化、历史和人文价值观带入舞台。同时，伴随着核心素养被确定为培育人的价值观、培养教学能力为主要目标之一，在制定教育目标时，还必须考虑到体育精神、运动实践、健康发展三个层面，以及不同课程、课时和专业学生的教育目标。

4. 考核评价标准的制定

考核是检验教学效果、促进教学目标实现的重要途径。与一般理论知识和技能不同，体育学科核心素养比较抽象，隐蔽性更强，这就需要对体育学科核心素养进行更高的评价。第一，评估的重点应放在三个维度：精神教育、运动时间和促进健康的生活方式。第二，评估工具应以自我评估为重点，根据体育学科核心素养，建立专门的评估标准和评价量表，为学生提供自我评估指导。评价采用定量表和教师主观评价相结合的方式进行，重点是自我评价，辅以教师主观评价，确保评价具有科学性和综合性。在评估过程中，不仅可以评估体育学科核心素养，还可以评估学生转化学科核心素养的能力。

（二）教师层面

1.完善高校教师队伍建设

高校教师引导体育运动专业学生的学科核心素养能力，要求高校教师对体育学科核心素养的教育理念、内容和方式有一定的认识，并能将所学知识运用到教学环节。师资队伍建设需要国家和政策两级的指导，对教师的体育学科核心素养的要求规范化，重视体育学科师资培训，规范教学目标和内容。其次，教师应通过提高对内容结构、制订评审的标准、选择教学方法等方面的知识，加强自我评估。同时，高校也要对教师提出更高的要求，引导教师对自我能力的提升不断追求和提高。

2.知识拓展的多样性

拓展课本外的知识特别重要，尤其是在体育相关的基础学科方面。知识水平的提高是教师职业训练考核的重要指标，因此教师必须自我认识，跟进体育学科的最新研究成果和体育学科的发展，并在课堂上向学生灌输知识和理念。同时，应当能够及时认识到学生的困难和问题，对学生的体育学科核心素养进行准确的评价，并结合学生的问题，选择内容进行知识拓展。

（三）学生层面

1.关注学生个体的差异

在体育学科核心素养培养过程中，不同专业的学生、不同性别的学生甚至个人都存在差异。为了让学生获得体育学科核心素养职前培养，必须清楚界定学生之间的差异。从性别角度看，重点是提高女性对运动和体育活动的认识，而男性则是促进健康。从专业角度看，应将体育专业与各种社会体育学科相结合，强调综合教育。参加体育运动的学生应特别注意培养健康的生活方式和技能，而专门从事国家传统体育运动的学生应注意提倡健康的生活方式和体育运动。

2.重点培养体育专业学生的体育学科核心素养意识

关注体育专业学生学科核心素养，是在学生履行入职职责后，更能将体育学科的核心素养带入课堂，并向他们灌输体育学科核心素养意识的重要性。

很多体育专业的学生起初对体育相关的学科核心素养内容了解不多，只有通过深入的学习和了解，才能向体育专业的学生灌输体育领域的基本技能，使他们认识到体育专业学科核心素养的重要性。一是要加强体育专业学生体育学科核心素养的学习，积极获取相关信息，增加知识积累，知识积累是基础。二是要及时与教师、专业人员沟通，解决问题，提高体育学科核心素养的意识。三是要有一定的自我规管性，严格要求自己提高体育学科核心素养，才能更好地应对体育教师这一职位。

第五章 核心素养下体育专业课程发展优化

第一节 高校社会体育专业课程设置的优化初探

社会体育专业是在国家经济和社会快速发展的基础上产生的一种新兴职业，如何开设一门全新的体育专业课程是许多高校教师关注的一个重要问题。大学体育教育课程主要面向培养高素质的专业人才，具有较高的技能和适应需求的能力。

一、课程优化体系构建的理论基础

在中国，"课程"一词最早出现在唐宋时期。唐代时，孔颖达对《诗经·小雅》中的"奕奕寝庙，君子作之"进行了评论，称"教护课程，必君子监之，乃得依法制也。"宋代朱熹在《朱子全书·论学》一书中多次使用"课程"一词，如"宽着期限，紧着课程""小立课程，大作工夫"等。孔、朱提到的课程包括有所分担的工作和范围的程度、时间限制和学习过程，或教学和研究的专业领域。当然，他们对课程的看法和我们今天对课程的看法尚有一定的距离。《现代汉语词典》对该课程的诠释是：学校教学的科目和过程。辞海（1997年版）对课程的解释有三层含义：①功课的进程；②教学科目，可以是指一个教学科目、一所学校或一个专业的所有教学科目或一组教学科目；③元朝不同贸易税的总称。国外对"课程"的解读存在不同的看法。在西方，"课程"一词来自拉丁语，被翻译成一个教育术语，意思是学生的学习路径。"学校编制的教育课程可以说是在与教学时间有关的条件下，为实现教育目的和目标，使教育内容适合学生身心发展而全面组织的学校教育计划"，日本文部省出版的《中等学校指导书·教育课程》中的解释是，学校编制的教育课程可以说是为了达到教育目的和目标，使教育内容适应学生的身心发育，在与授课时间相关的条件下综合组织起来的学校教育计划。苏联百科词典对"课程"的解释是"在科学、技术、艺术和生产活动的某一领域选定的知识和技能体系；根据内容分为普通培训课程或专业课程，后者决定了企业培养专业人才的方向。"

中国课程专家叶立群在总结上述观点后指出，"课程是根据国家制定的教育方针和学生的身心发展，使学生在一定时间内达到规定的教育目标，完成规定的教育任务的教育内容。它既可以是教育阶段的全部学习内容，也可以是一门学科的教育内容，比如数学课程和历史课程。"这应该是对"课程"概念的更准确的定义和清晰的描述。课程是指在所有教学科目中建立和安排所有学生活动。

事实证明，课程的教育现象是一种动态发展的现象。从本质上讲，课程由特定的教育目标、基本文化成果和学习活动组成，用于指导学校的教育规划，引导学生了解世界、了解自己，并改进媒体。这取决于某个社会的需要和一些学生的需要；培训目标的设定取决于社会，并反映一定的社会需求。

二、优化设计课程的意义

"优化课程设计"意味着从现实出发，探索课程的最大价值，获得最佳的课程设计效果。从实际出发，根据我国整体和地方的现状、科学文化发展的趋势和学生身心发展的现状来设计课程。探索课程的最大价值，就是在我国现实条件下，根据社会发展和人才培养的需要，为学生提供最有价值的知识，使他们获得最必要的技能和技能，以及最基本的思想品德、审美情趣和身体素质。课程的价值包含在课程规划和各种教材中。客观真实是优化课程设计的出发点，课程价值是优化课程设计的目的地。这两点缺一不可：只有把握好这两点，才能真正把握课程优化的本质内涵。优化不是一个抽象的概念：优化表明，课程设计受到一些特定条件的限制，如当地经济发展水平、教师数量和质量、学校管理资金、教育设备等。在这些特定条件下实现课程的最大价值是课程优化的基本精神。可以看出，优化并不等于理想化，而是相对合理化。优化不是一个静态的概念，而是一个随着政治、经济和文化条件的改善而变化和发展的动态概念。

三、体育社会专业课程优化体系设计的依据

（一）根据社会体育的特点和社会对体育人才的实际需求，优化课程结构体系，以满足社会发展的需要

社会体育作为我国体育产业的重要组成部分，关系到人民体质的提高、健康水平的提高和生活质量的提高。它是现代社会文明、健康和科学的重要标志之一。随着现代科学技术的飞速发展，生产力的不断提高，现代生产方式、人文环境等客观条件都会对自然、内容、范围、结构对象和时空关系产生很大的影响。这将保证社会体育大众化迅速发展，科学化水平大大提高，全面走向社会化。社会体育之所以成为整个体育事业中一个相对独立的领域，是因为它有着不同于其他社会活动的对象、任务和特点，有着一些特殊的发展规律。社会体育的特点和社会体育人才的特殊需求，必然使社会体育成为一门独立性更强、与其他体育专业明显不同、不可替代的专业。社会体育专业的建立和发展，将为社会体育的发展提供特殊的人才保障。

与学校体育和竞技体育相比，社会体育有许多显著差异。社会体育的发展必须有特殊的人才来满足其特殊的需求。社会体育专业人员必须掌握从事社会体育工作的一系列理论、知识、方法和技能。此外，社会体育的发展水平越高，对社会体育专业人才的总体素质和科学水平的要求也就越高。对运动规律的理解和方法的选择，广泛的社会适应能力，一定的群众工作能力和定向的有机结合，健身管理是当今社会体育专业人才的基本要求，也是未来社会体育人才培养的重要特征。为培养和适应社会体育专业科学健康发展的需要，有必要对社会体育专业的课程体系进行专题研究，设计出适合社会体育专业特点、满

足社会体育人才特殊需求的课程优化体系。课程体系是否科学合理，直接关系到未来人才的素质和未来社会的发展。因此，课程体系的整体优化应该能够满足社会体育专业的特点与社会对人才需求之间的矛盾关系。

（二）遵循课程的科学性和系统性原则，体现课程体系的科学性、层次性和整体优化性

在21世纪的知识经济时代，国家之间的激烈竞争归根结底是国民素质的竞争。因此，我国社会体育课程优化体系的研究必须以提高学生素质为目标，加快培养具有创新精神和实践能力的高素质体育专业人才。课程体系的科学化、系统化应体现在以下几个方面：

1. 基础教育最重要的特点是基础。第一，为了全体学生的未来发展，为学生全面素质和能力的发展奠定基础。它为所有学生奠定的基础应该是基本的素质基础。第二，基础教育也是针对所有学生接受的"可能性"，主要考虑学生的信息负担，不能让学生负担过重。这一阶段既不是精英教育，也不是职业培训。

2. 这个时代所需要的社会体育人才，不仅是具有科学文化素质的人才，而且是具有人文素质、创新意识和进取精神的人才。作为一门基础教育课程，学生应具备的基础知识不仅应是科学文化或人文素质的基础，而且应是全球和全球素质的基础，这不仅是社会历史的需要，也符合人类发展的特点和基础教育的本质，社会发展对人才的需求趋于全球化的时代特征。

3. 多样化、单一模式的课程和课程结构适合培养标准统一的人才。它既不符合21世纪中国社会体育发展对多元化、多层次人才的需求，也不符合学生个性发展差异的客观现实。同时，中国幅员辽阔，各地区气候、形态、资源、文化和经济发展差异巨大。这种不平衡的发展导致了各地区教育的不平衡发展。课程结构也多种多样，包括统一的地方课程、分科课程、完整课程、核心课程和扩展课程。主体课程包括必修课和选修课，综合课程包括活动课程和社会实践课程。活动课程和社会实践课程不仅使学生积累感性体验，而且在时间和空间上为发展学生个性、培养学生创新精神提供了条件。

4. 知识经济、现代信息技术和全球一体化的发展必须是渐进的。第一，前瞻性。在课程优化体系与社会需求的关系中，整体课程优化设计是为了适应社会发展，促进社会人才需求的发展。因此，应该树立发展性课程的愿景，构建发展性课程优化体系的结构。第二，可持续发展。应该考虑人的可持续发展战略，而不是打断受过教育的人的全面发展，甚至是某一时期的发展。

5. 动态课程必须与社会进步、时代发展和人的可持续发展保持沟通；必须不断快速地整合社会发展的新内容和人们的新认识，并不断更新和完善，以满足社会发展和个人发展的人才需求。

6. 首先，课程设计要适应社会需求，促进社会进步；其次，课程的基本功能是促进学生身心健康和谐发展。最后，人类有一个共同的需求，即任何时候都要将精神文化遗产传递给年轻一代，并通过这种传递，使之成为人类自我发展的延续，这不仅是教育的基本功能，也是课程设计的主要内容之一。

（三）突出学生个性发展，培养基础广泛的社会体育专业人才，使优化后的指标具有更大的适用性

本课程最大的价值在于促进学生个性的发展，这是独立精神与社会倾向的统一，是独特精神风貌与基本素质和谐发展的统一。因此，培养什么的人是优化课程设计要解决的根本问题：把人的个性发展放在课程设计的核心，积极开发和展示人的真正价值，促进学生成为有价值的人。

四、社会体育人才基本模式

（一）人才培养的目标和基本要求

社会体育是一门新兴的职业，必须在兼顾社会科学发展的同时，兼顾社会对体育人才的需求，科学合理地安排课程，不断满足社会发展对体育人才的需求。

1. 发展社会体育培养目标

社会体育发展的目标是兼顾社会体育发展的方方面面，形成具有丰富理论知识和经验、能够适应社会需要的高素质、现代化的人才队伍。体育专业人员应能深入组织群众性体育活动的组织管理工作，并参与体育相关行业的教学

科研工作。

2. 基本要求

一是要热爱社会主义，坚持党和国家体育政策和法律，遵纪守法，有正确的人生观、价值观。二是很好地掌握与社会体育相关的知识。三是掌握运动技能和竞技技能基础，能够指导社会体育、休闲娱乐活动。同时，具备从事社会体育教学和科研的基本能力，可以从事相关的社会体育管理工作。四是必须能够从事体育行业的业务研发。

（二）人才培养模式的设计

总体素质	综合素质	事业心、责任感
		品德修养与思想情操
		创新意识与进取精神
		健康心理与强壮的体魄
	知识结构	市场经济基本知识
		现代科学基本知识
		社会学基本知识
		法学基本知识
		人体科学知识
		人文社会科学知识
		体育科学知识与技术
	能力结构	社会体育指导、组织能力
		体育产业经营、管理能力
		社会体育科研能力
		社会的适应、竞争能力
		社会体育过程的运用能力
		社会体育过程的教学能力

从人才培养模式的设计上看，人才培养应具有先进性和社会适应性，这

就要求社会体育专业课程体系的设置和优化应注重培养："高素质——具有较高的思想政治水平和综合素质；新知识——具有广泛的现代科学基础理论知识和专业知识；高技能——具有更全面、更适用的社会体育专业技能"。该模式由社会体育人才组成，如上表所示。课程指标内容设置的适用性也指这种人才培养模式。

五、高校社会体育专业的问题

根据教育部1998年颁布的有关规定，结合社会人才的具体需求，全国高校体育课程设置了四类课程：公共必修课、专业必修课、专业限选课和任意选修课。近年来，社会体育专业出现了一些边缘课程，但没有统一的标准，可能导致课程重构的现象。

（一）课程设置缺乏相关性

随着市场经济的快速发展和生活水平的提高，人们对健康的要求越来越高，社会需要一大批能够从事体育健身、休闲、娱乐和康复的体育人才。

这是社会体育发展的新机遇，但也对社会体育提出了新的具体要求。然而，目前我国体育教育专业开设的课程与各高校体育教育课程之间的差距不大，这极大地限制了我国高校社会体育的发展。如何克服这一瓶颈，是高校社会体育发展面临的重要问题。体育课是一门独立的专业课程，而不是一套完整的社会体育课程。许多社会体育课程必须以实践为基础，但我国大部分专门从事社会体育的高校没有实践课程，学生的实践技能薄弱，不能满足社会需求。社会体育专业的课程设计应紧紧围绕市场需求这一主题，以现代体育科技为基础，培养具有较强综合理论知识、较高职业技能和较高道德素质的专业复合型人才。

（二）该课程缺乏对学生技能的培养

社会需要的人才是能够领导群众体育、健康健身、熟悉竞技体育基本知识、能够从事群众体育活动组织管理的复合型体育人才。然而，目前许多高校缺乏养生、健身课程，在课程设计上缺乏引导群众；虽然有相关课程，但它们仅限于教科书，缺乏实践，这直接导致许多学生对这些课程的理解仅限于理解，缺乏实践技能，无法满足社会需求。

（三）教学评价手段薄弱

教学评价是教学工作的重要组成部分，它不仅能提供教学信息，提高教师教学质量，还能激发学生和教师的积极性。中国传统的教学评估方法是课堂考试。虽然它能在一定程度上反映学生对知识的掌握，但并未涵盖学生在知识、技能和兴趣方面的差异，可能无法充分反映学生实际掌握的效果。目前，我国大部分社会体育专业高校的教学评估仍停留在课堂考试上，极大地限制了学生相关技能的培养和提高，阻碍了高校社会体育的蓬勃发展。

社会体育专业是一门实践性很强的专业，必须调动学生参与教学的兴趣。这种独特的评估方法不能充分调动学生的积极性和主动性。

六、高校社会体育课程优化的新思路

（一）扩大专业口径，提高学生的适应性

大学在设置社会体育专业课程时，要转变"专业对口"的传统观念，革新教育理念，改革"深井式"人才教育模式，构建"金字塔"形的培养模式。改革社会体育专业课程设计，培养多样性人才和广泛性人才。首先，在专业课程的设置上不断扩大专业的口径，设置一些课程，给学生更广阔的发展空间，按照专业方向分为几个系列选修课和必修课，让学生选择性地学习，在自己兴趣的基础上让学生充分发挥自己的特长选择不同的发展方向。其次，简化相近的课程，保留主干课程，简化知识体系，不断扩大课程的综合范围，构建公共基础科目平台。最后，不断扩大学生的知识面，实行主修制度。社会体育专业的培养可以分为社会经营管理和社会体育指导，这两个课程相互渗透，在课程设计上必须融合这两个课程，充分发挥这两个课程的作用。其中，社会体育经营管理是主修专业课程，社会体育指导是辅助课程。通过将主修和辅助课程结合起来，充分调动学生的积极性和主体性，使学生充分发挥自己的兴趣，使之更全面地掌握相关知识。

（二）不断更新教育内容，完善学生的知识和能力结构

学生的知识结构和能力是学生综合方法的两个重要内容，综合方法可以摆脱社会体育课程结构僵化、静态分散，通过合理结合教育内容和课程设计，充分发挥作用。教育内容的改革，使学生逐步形成一个完整灵活的知识体系，培养学生的知识获取、知识运用和创新能力，培养学生的思想文化心理素质。不断更新教育内容，让学生获得更全面的知识，建立一个开放的动态均衡的体育教育体系。

（三）加强社会体育专业建设，培养学生的实践技能

实践能力是高校体育专业学生的重要方面，也是教学中的重要环节。在高等体育院校，社会体育专业是理论与实践相结合的专业。实践教学是一种新的尝试，它包括实习、实践、社会调查等。首先，通过个人兴趣，让学生充分利用课余时间，以不同形式自行安排活动，例如班级之间的比赛或班级内的比赛，既可以是个人的，也可以是团体的。一方面提高了学生的学习动机和积极性，另一方面也增强了他们竞争性和实践性意识。其次，利用大学四年的寒暑假，安排学生到体育馆、健身馆等地实习。最后，鼓励学生更多地获得职业技能资格认证证书。

（四）加强体育产业的经营和管理

学校应定期进行人才市场调查，提高对社会体育人才需求的认识，不断开办社会流行的体育专业技能的课程，积极发展市场上一些尚未形成的体育项目。在一些公共场所，如社区、公园等，可派专家进行试点和实践培训。目前主要运动项目有瑜伽、器械训练、健身、芭蕾等。体育产业在体育事业的发展中发挥着重要作用，人们对体育重要性的认识日益提高。"全民健康"计划和"奥林匹克"计划的实施刺激了人们对身体健康的需求，体育正在成为21世纪最具活力和前景的行业之一。我国目前体育训练专业人才很少，因此需要培养高素质的体育产业管理专业人才，这是影响体育事业发展的重要因素。社会体育专业高等院校要明确体育发展和管理目标，充分利用现代技术，不断提高认识，把握体育市场发展趋势，培养体育管理的高级人才。

社会体育专业化方向的确定和课程的制定应足够广泛，以提高课程的灵

活性和可选择性，并应反映社会体育专业化的特点，以确保实现体育专业化的目标。社会体育专业课程要充分结合社会经济背景，从实际考虑改变教学内容，培养"基础厚、口径宽、能力强、质量高"的复合型人才，适应现代人才社会。

第二节　课程领导理念下的高校社会体育指导与管理专业课程发展优化

社会体育专业是我国新兴的特色专业。随着社会经济的发展和高等教育改革的深入，社会体育专业的办学规模迅速扩大。然而，高校社会体育专业在发展中存在着培养目标不明确、办学特色不鲜明、毕业生就业困难等问题。目前，我国高校社会体育专业课程体系仍在建设中。如何更新观念，加快专业建设步伐，深化专业改革，重新审视社会体育专业课程设置，培养适应社会发展需要的优秀社会体育人才，已成为社会体育专业管理中亟待解决的重要问题。

随着课程改革和相关问题研究的逐步深入，课程管理的新理念——课程指导，成为越来越迫切的研究课题。课程改革是在有组织的指导下进行的，是在教学活动的指导下进行的。本节从课程指导的概念出发，分析我国高等院校社会体育专业化的现状，探讨社会体育专业化课程的改革和发展措施，以帮助我国高校进一步健康发展社会体育专业化。

课程领导倡导新的管理理念，重点是营造和谐的形成和互动环境，为低层管理人员和全体教学人员提供动力和活力；强调合作精神和集体主义，强调课程不是个人的自主领导，而是专家、教师和其他利益相关者平等参与讨论、形成意见、共同解决问题、共同负责。课程领导是利益相关者民主协商的过程，旨在形成课程的共同愿景，更新、完善和提高课程管理理念的质量。它体现了民主、合作、和谐、多元化和宽容的思想。

一、我国社会体育专业发展历程及存在的问题

为适应社会需求，从20世纪90年代开始，一些高校开始探索开设社会体育专业、培养社会体育人才的途径。到目前为止，社会体育专业已经走过了20多年的发展历程，设立社会体育专业的高校（大专院校）已覆盖全国各省、市、自治区。一些高校已经从单一的体育学院扩展到普通、医学、农业、全日制和其他类型的高校。现有学校的规模迅速增长。目前，已有200多所高校开设了社会体育专业。面对新的社会形势，我国社会体育专业在发展过程中也暴露出一些问题，如专业办学目标定位不清，毕业生就业难，从事该专业工作的毕业生少，转业现象严重，课程移植、不能反映社会体育专业特点等现象比较普遍，其中，课程体系设置与市场需求脱节是一个比较相关的问题。

目前，我国社会体育专业的高等院校尚未制定体育教育专项课程。发展目标并没有真正配合社会的需要，当前正处于老龄化社会，老人的身体和健康能力都严重不足，而在残障人士的体育运动、儿童体育等方面，也没有真正配合社会的需要。此外，大部分职业训练课程仍以体育比赛为重点，大部分学校都设有篮球、排球、足球、体操、铁饼、标枪等体育项目，严重缺乏全年龄段的健身项目发展规划。

此外，课程理念强调体育训练和提高学习成绩，缺乏有助于促进健康和提高乐趣水平的指导意识。课程理论与实践结合不够紧密，缺乏理论与实践的联系。当前，我国社会体育专业面临着社会发展的新形势，我国将全民体育运动转化为国家战略，国务院印发了加快发展体育产业的指导性文件，建设一个强大的体育国家已经成为国家体育发展的重要课程，这必将为社会体育专业的发展提供前所未有的机遇。因此，必须充分挖掘专业人员、学者、教师、学生、社会人士等有关人士的潜力，深入研究我国大学社会体育专业课程的目标、内容和模式，建立科学合理的培训课程体系和相应的培训计划。

二、社会体育专业课程优化发展的必由之路

（一）课程发展需要组建课程领导团队

社会体育课程的决策、实施和开发需要课程领导团队的努力和创造力。课程专家乔治·A.比彻姆（George A.Beauchamp）认为，课程决策涉及五类人群：专业人士、团体代表（如专业人士和一些教师）、全职员工、非专业公民代表和学生。社会体育课程也需要上述人员的参与：必须整合学校教学领导、专业领头人、学科带头人、教师、课程专家、工商界代表、学生和家长共同组成社会体育课程领导小组，共同指导社会体育课程的发展和改革。在传统意义上，课程管理主要是在领导者的个人权威、指挥、控制和监督下实施课程。它的管理是自上而下、封闭、单一的。它是对官僚体制自上而下的"监督"和"控制"。这种管理体制旨在扼杀教师和学生参与课程改革和发展的积极性，最终影响课程改革和发展的效果。而新的课程领导性质是不同的。课程领导者不会控制他人，而是引导他人做出正确的判断和自我管理。领导者可以是校长、学科专家、教师或专业团体。他们的管理模式是自下而上、民主、开放、合作的引领模式。它可以合理地允许教师、学生和相关课程专家参与课程领导。它能充分调动各主体的积极性和创造性，激发各主体的积极性和创造性，共同实现组织的目标。

我国的主要社会体育有其自身的特点。其培训目标是为公众健身娱乐的指导、组织和管理，以及大众活动的运营服务。与体育教育专业不同，体育教育专业是学校教学，体育训练是竞技训练，而体育教育专业更多的是大众体育、社区体育和全民健身。因此，在界定和开发社会体育课程的过程中，必须采用更加科学、民主、开放的课程领导新范式，建立包括专家、学者、教师、学生、家长和社会人士在内的各级和谐合作的课程领导团队。通过民主参与和决策共享，赋予各级课程主管共同参与优化社会体育课程体系的权力。

（二）课程发展需要教师、学生和社会人员的广泛参与

几十年来，教育决策的权力下放，特别是在学校课程领域，一直被视为

发达国家促进学校提升、教师发展和学生学习的关键战略之一。在我国香港地区，权力下放运动刺激了对学校教师参与课程决策的需求，教师参与课程决策已成为一种制度方法。

1. 课程发展需要教师的参与

教师不仅是教学工作的主要负责人，也是课程改革的主要参与者和实施者，是推进课程改革的根本动力。教师参与课程改革的积极性直接关系到课程改革的成败。目前，教师脱离课程领导的现象在我国很普遍。处于课程改革前沿的教师往往没有机会参与课程开发决策，仅发挥遵从和实施的作用。教师是课程改革的直接参与者。增加或减少课程的教学时间，将课程设置为必修或选修课程，可能会影响教师的工作量或其他利益。如果教师不参与课程改革，不理解课程改革的目的和意义，他们可能会对课程改革产生阻力，阻碍课程发展。反之，如果教师参与课程领导，了解社会体育专业的课程开发目标和人才培养方向，教师就会积极支持课程设置，从而提高社会体育课程的实施效果。

教师的特殊身份决定了教师对课程领导的独特意义。教师工作在教学的最前沿，是课程的执行者，在课程的性质、目标、内容、教学方法和评价方面有更多的发言权。教师参与课程领导可以在课程开发、学生和学校中发挥重要作用。通过参与社会体育课程的设计，体育教师可以将自己的知识付诸实践，从而确认知识在课堂上的可行性，从而提高课程的充分性。教师对课程设计的参与程度不仅会影响课程实施的结果，还会影响学生工作的结果。教师参与课程的领导有助于社会体育专业的发展。在社会体育课程的开发和设计中，教师与其他教师逐渐形成合作工作关系，培养合作工作技能，从而营造积极的教学氛围，促进整个学科的发展。社会体育教师与各级课程领导者一样，是明智的主体，有权参与课程事务。

2. 课程发展需要学生的参与

课程指引的最终构思，是让学生有机会获得最大的学习回报，促进学生的发展。课程改革与学生的切身利益息息相关。

成功的社会体育课程改革意味着提高大学生的社会体育素质，并提升他们的个人价值，这反过来意味着大学生在社会体育方面有良好的就业前景和良好的收入；社会体育课程改革的失败，意味着社会体育专业人才培养质量的持续下降甚至倒退，社会体育专业人才素质的停滞或下降，学历的贬值，这反过来意味着未来的学生就业前景和收入将受到极大的限制和影响。虽然我们不能期望社会体育专业学生在课程改革中做出有效的决策，但学生在教学改革中应该享有的重要权利与他们的发展息息相关，例如发言权、知情权、判断权和咨询权，它们不应该被忽视和放任。

目前，在我国许多高等院校，社会体育人才具有不同的培养目标、专业化和形式，以及体育管理、健康康复、体育舞蹈、体育产业管理、俱乐部体育、体育休闲锻炼等不同的专业活动方向。还有几所专业化模糊的高等院校，体育教育与运动训练之间的课程设置与体育经济与体育管理之间的课程重叠；与经济和社会相比，中国社会和体育事业的专业成长遥遥领先。中国需要更多的社会体育教练和体育建设指导人员、管理人才，更广泛地指导体育产业。但目前国内尚未设立相应的社会体育指导员岗位。社会体育的发展主要是计划体制下的行政管理，体育产业的发展水平仍然很低，只有不到三分之一的学生从事社会体育。这会导致学生对社会体育学科的专业理解出现混乱，职业思维不明确，就业前景出现断层，可能影响学生的学习态度，导致职业学习缺乏动力。因此，在课程发展的过程中，必须让学生参与，全面咨询他们的意见，介绍学习的目的，让他们有机会决定和选择课程，从而激发学生的学习兴趣，提高他们的学习成效。

3. 课程发展需要社会人员参与

课程设置应考虑学生未来的就业情况，并在课程内容和教学方式上适应市场需求。我国社会体育专业是培养为全民健身服务的学生。适应社会主义市场经济需要，具有社会体育基本理论和专门技能，能够从事社会体育领域的组织管理、咨询指导、业务开发、教学和科学研究的高级专业人员。作为未来的建设者，学生的素质将限制并影响生产效率的水平。

当前，我国社会体育专业毕业生应以市场为导向，在服务社会中求生存、求发展。社会体育专业人才的培养规格也应与市场需求相适应，例如：参与健身市场开发和管理的健身指导员和工作人员，必须能够更好地传授健身运动技能，提供健康诊断和科学的健身指导，包括运动处方的制定、运动营养和保健；为了满足健身教练工作的要求，还需要取得相关资质证书，如国家级健身教练、国际健身教练等职业资格证书。据调查，部分社会体育专业人员不具备理论与实践相结合的能力，不具备开具运动营养保健等健身处方和科学指导方面的才能，市场开发和管理能力相对较差。这是课程与社会场所需求脱节、学生实践能力薄弱的体现。在设置社会体育专业课程时，要充分发挥社会和市场的作用，让社会体育行业的工作人员参与课程的领导，充分调查市场需求，设置相应的课程。

在课程开发过程中，我们应该咨询社会体育行业的相关人士，了解社会体育专业毕业生的就业能力需求，以便在课程中培养他们，如体育营销技能、竞赛组织与策划技能、沟通技能、体育产业的管理能力等。例如聘请健美教练教授健美课程，聘请社会商业体育俱乐部的经理教授体育营销课程，与社会发展培训俱乐部、健身俱乐部、高尔夫球场、赛马等建立实习基地，并聘请实习基地的管理人员或培训师担任讲师，提高学生的实践技能。社会伙伴的参与也可以缓解教师不足和某些特色课程实施不足的现状。

（三）课程领导能促进体育教师的专业发展和学生的学业发展

高校教师的专业发展有一个过程。他们必须经历从模仿到跟进，再到与他人合作，最后独立工作的过程。每一位教师都必须经历从发展的初始阶段，到发展的中间阶段，再到成熟阶段的过程。只有在教学过程中，教师才能通过学习和不断提高来实现专业发展。大学体育教师不同于中小学体育教师。他们的专业发展方向是学者、专家和教授。他们应该有自己的体育理念，而不仅仅是教学技术能力。长期以来，高校体育教师队伍结构学历相对较低，制约了高校体育教师的主体性发展。根据对中国20所高校的调查显示，由于体育教师工作量大、待遇低、学习成本高，教师参加培训、科研、学术交流、继续教育和学习的机会相对很少。

目前，我国高校体育教师的专业发展，在很大程度上依赖于学校教育和学校自主实践成长，即教师通过相互学习、相互指导，结合自身认知、能力和水平，实现专业成长和教学工作的探索与改进。良好的生态环境对其职业发展起着重要作用。课程领导理念建议充分发挥教师的内在动机，相信每位教师的领导能力。给每位教师参与课程开发的机会，使每位教师都能贡献自己的智慧，提高自己的专业水平，促进教师的自我发展。

课程领导理念着眼于开发教师和学生的潜能，充分发挥他们的内在动机，提高他们的专业水平，使他们具有可持续发展的稳定性。教师和学生参与课程领导过程也是教师专业发展和学生学业进步的过程。社会体育专业的毕业生必须在社会体育的组织管理、体育营销策划、体育产业的运营和发展等方面具有较强的实践技能，这些实践技能必须体现在课程设计中，如增加实践课的数量，在寒暑假期间增加社会调查，或在健身场所、社区等部门进行实践，并让学生参与到课程领导过程中，这既提高了他们的技能，也让学生充分表达了他们的学习需求。例如，中国矿业大学社会体育专业课程设计充分征求师生意见，充分发挥相关员工的积极性，在课程管理团队和大学教授委员会的组织内设计合理的课程培训方案。该项目注重培养学生的实践技能，严格规定学生的实习时数，要求学生每学期完成一定的实践内容，达到一定的实践课时数，并将学术论文的写作改为研究生专业技能展示，注重实践能力。

传统的课程管理理念已不适应课程发展，新课程领导是课程改革的重要推动力。以课程领导理念为指导，改变国家教育主管部门的专家决策、课程编制和开发组织，充分发挥专家、教师、学生、家长和用人单位等课程利益相关者之间的协调分工，成立课程领导小组，推动社会体育课程的发展，协商并共同完善课程。在社会体育课程改革过程中，要努力克服传统的管理模式，大力倡导新课程领导理念，注重创新、合作、互动，从而使社会体育课程改革成为学校发展、体育教师专业发展和学生学业发展的和谐过程。

第三节 基于核心素养视域下社会体育指导与管理实践教学优化研究

一、高校体育教育专业实践教学的基本情况

（一）体育教育专业实践教学的基本内涵

体育教育专业的实践教学以学生的实践活动为基础，包括专业实践、科研实践和实验实践，旨在提高学生应用知识的能力。专业实践的目标是理论联系实际，提高专业知识，增强学生适应未来工作所需的操作技能和应用知识的能力。科研实践以毕业论文为主，体现学生的创新意识和敏锐的观察力。实验实践应注重培养学生的实践技能和实践创新能力。

（二）实践教育环节的基本构成

体育教育专业高素质人才培养的重要环节是实践教学，实践教学是整合体育教育专业人才培养方案而构建的。

（三）高校体育教育专业实践教学目标探析

实践教学是学生在实际操作中运用理论和技能的实践过程。今后要把实践中的理论运用到实践中去，通过实践强化理论和技能，锻炼实践技能。

1. 职业目标

职业目标是体育专业大学生必须认真思考的内容。在当前的社会环境下，学生必须了解本专业的总体发展前景和市场环境，提高未来就业和发展的基本竞争力。高校和学生应该深刻理解小学体育的培养目标，明确自己的职业生涯规划和未来的就业方向。

2. 专业技能

高校体育教育专业实践教学不仅要注重学生理论知识的培养，更要注重专业技能的培养。通过多种形式的教学方法和训练，提高体育专业学生的专业技能素质。

（四）高校体育教育专业实践教学与科研实践

体育教育专业实践教学的科研与实践相结合，是检验学生完整运用知识能力的环节。撰写学士学位论文可以使学生的思维更具逻辑性，培养学生勤于思考、敢于质疑的精神品质。开展学术活动可以开阔学生的视野，激发学生的求知欲。学生的科研水平决定了学位论文的质量。

二、体育教育专业实践教学存在的问题及原因分析

（一）实践教学环节的布局过于紧凑，需要优化

实践教学是体育教育专业的重要组成部分。实践教学环节的完善是建立在内容合理安排的基础上的。当前，体育专业学生的培养必须优化体育实践教学。除学科本身的专业知识外，教育目标还应密切关注社会需求和学生自身的需求。体育教育专业的实践教学分为多个环节，贯穿大学四年的学习。在实验实习、专业实习、科研实习的环节上，实践的内容和目标比较明确，包括第一、六（七）、八学期的军训、教育实习、毕业论文。其余的练习环节都穿插在四年的学习和生活中。体育教育专业实践教学的时机有待改进。第二、三、四、五学期有技能竞赛、社会实践活动等，但这四个学期的时间没有得到充分利用。在第七和第八学期，对于第一次接触实习和学士学位论文的大学生，存在一些困难和冲突；如果正在准备研究生考试，时间就更紧张了。"一心三用"是对学生身体和心理的巨大考验，不利于培养学生的基本素养。

（二）实践教学知识水平低，学生缺乏信息意识

实践教学是大学教学的重要组成部分，贯穿整个教学活动之中。体育教育专业实践教学也发展了多年，是体育教育专业教学的主要手段之一。体育是一种锻炼身体的活动。因此，体育专业的学生不仅要掌握实践教学的内容，还要充分理解和掌握实践教学的理论和应用。信息意识是人们对信息的敏感度，这意味着人们可以主动寻找答案，并且知道使用什么方法以及在哪里找到答案。21世纪是一个信息爆炸的社会：在信息化趋势下，掌握信息是成功的关键。根据调查结果，很少有学生对体育教学实践有一定的了解，大多数学生对

体育教学的实践联系知之甚少甚至完全不了解。

造成这种情况的主要原因有三点。

第一，多年来，实践教学在教学中没有得到系统、完善的应用，而且大多是分散的；大多数高校只注重形式，忽视内容，导致实践教学的管理和保障存在不足。实践教学的相关理论认知环节没有从根本上组织起来，学生对实践教学的认识不够深入，对实践教学的倾向性认识不清。在初始学习阶段，学院和教师的首要任务是传达相应学期的实践教学安排，以便学生明确相应学期的实践教学任务和目标，在有明确目标和学习进度的前提下，组织自己的学习计划。第二，由于教育专业的特殊性，体育专业的学生必须对实践教学有很好的理解，熟悉各种教学方法，以应对不同的教学情况。在实践教学过程中，教师忽视了学生理论与实践相结合的全面应用，过于注重学生完成教学任务，不利于学生的发展。同时，由于学生实践教学意识的缺失，导致学生在参与实践教学时，只会盲目跟随高校的安排，从而产生学习高校组织内容的现象。这不利于学生信息意识的提取，导致学生在认知上缺乏系统全面的实践教学策划。第三，学生本身不了解这些信息，在参与实践教学时不主动理解教学的总体目标和任务，对自己的总体规划没有系统的了解。在每一个环节中，大多数学生都有完成任务的心态，这导致学生缺乏调查性思维，甘于现状，这样的性格不利于个人信息意识的培养。

（三）专业技能素养低，学生缺乏学习精神

专业技能是高校基础体育实践教学的另一个目标。主要是指学生在相关教师的指导下，通过学习和训练相应的技能而形成的相关理论知识和体育技术。体育教育专业大学生的个人专业技能水平，在很大程度上决定了其理想的工作程度。根据调查，大多数学生认为，体育实践教学的相关学习规定更符合他们的专业需求。然而，一些学生认为，从学校获得的知识和技能不能满足他们的职业规划需求，也不能达到实现其价值的理想程度。体育专业的学生必须及时了解市场信息，根据市场和自身需求进行合理规划，加快掌握职业发展所需的各种理论和技能，才能在未来的市场中生存。

学生专业技能掌握情况不容乐观的主要原因有三点。

第一，体育专业的学生没有学习的主动性。学习过程中缺乏主动性会将学习转化为解决任务，忽视各种实践活动。裁判员的考试和科研实践是大多数体育专业学生所缺乏的，体育专业的学生需要加强这方面的实践。因此，体育专业学生要提高学习积极性，努力提高自身的相关素养。第二，体育院校的实践教学内容不够深入、系统和全面。充分开发和完善实践教学内容，可以提高高校办学活力和办学质量，提高学生理论联系实际的综合素质，增强学生的根本竞争力，提高就业率。学校要大力支持体育专业学生参加各种活动和竞赛，加大各种支持力度，激发学生的学习热情，使学生积极参与实践。第三，职业技能考试证书是学生理论知识和相关专业运动技能最直观的提取，直接反映学生理论知识储备和相关专业运动技能。此外，学生的体育背景与职业文化之间的冲突是大多数学生需要培养自身文化素养的问题之一。

（四）缺乏对教育实践的评价，学生缺乏反思精神

高校师范类体育教育专业的教育实习评估主要反映和总结学生在教育实习中的优缺点，通过反思自身的不足，达到提高自身教育教学水平的目的。教学质量保证是高校发展的基础，教育实践的质量和数量是有效保证体育教育专业实践教学质量的核心。教育实习评价能有效提高体育专业学生的教育教学水平，关系到体育专业人才培养的质量，对培养适应现代社会需要的高素质体育教师具有重要意义。体育教育专业人才培养方向和教育实践任务完成程度是影响教育实践评估的重要因素。通过有效的信息反馈和调控实践环节人才的形成，分析教育实践过程中存在的问题，具有一定的针对性，从而达到提高学生教学技能，不断促进教学质量提高的目的。

教育实习不仅可以帮助学生在实践过程中积累经验，还可以帮助他们提高专业素质，促进未来的专业发展。然而，一切事物都有对立和统一，这也是社会发展的既定规律。由于学生在毕业的最后一年的上半年很忙，有的需要准备研究生入学考试的复习，有的致力于找工作，因此很难将全部精力投入实践过程中，这间接影响了实践的效果。教育部门应充分考虑学生的现状，深入分析教育实习的开始时间，制定明确的计划。目前，我国体育教育在起步阶段和实践过程中还存在一些不合理之处，阻碍了学生的实践能力和创新能力的培养。

据调查，高校体育教育专业的教育实习评价不容乐观，体育教育专业学生在实习期间或实习后的评价相对较差，导致学生自我意识的缺乏和自身的劣势，影响自我反思和提高。高校对实践教学评价重视不够；虽然评价比较复杂，但它是培养学生的一个非常重要的环节。通过组织学生自我评估和相互评估，最后总结相关教师，学生可以清楚地了解自己的不足，避免在未来的教育教学中出现同样的问题。高师体育专业学生的实践性评价之所以是整个评价体系中一个更重要的环节，是因为通过科学评价的改进，体育专业学生可以在实践过程中发现自己的问题，从而增强自身的专业素质，提高他们的实践技能和专业技能，而且实践过程的执行情况也会直接影响到他们未来的工作。因此，该专业学生对自我评估和自我提升的认识不足，学校管理部门对实践过程的评估不够重视。虽然评价工作比较复杂，但它是培养学生的一个非常重要的环节。

（五）科研水平普遍较低，学生缺乏科学精神

科学是推动社会发展的重要引擎。体育科学不仅是科学的重要组成部分，也是体育的重要组成部分。它在体育发展中起着主导作用。当前，体育科学在社会发展中发挥着越来越重要的作用。高等教育是人才养成的关键时期，学生的科研能力是高等教育人才形成的内在动力。

科研水平较低有三方面的原因。首先，就学生本身而言，大多数体育教育专业的学生来自体育专业背景，与师范生相比，他们的文化底蕴相对肤浅，人文素质积累不足。其次，一些体育专业的本科生不重视科研和训练，主要是因为一些学生认为科研和训练不是本科阶段的重要环节，而是研究生阶段的重要任务。最后，教师方面：在调查结果中，一些学生对教师的指导不满意，这是由于大学教师对科学研究和学生培训缺乏重视，导致教育和学生导向的缺失。这些现象将直接导致体育专业学生缺乏体育科研意识，影响学位毕业论文的设计质量，还将产生基础学术问题、抄袭等后果，不利于激发学生的批判性需求，也不利于学生勇于探索、培养理性思维。

体育科研是学校体育的重要工作之一。作为未来的体育教师，高校和教师应该重视对学生的科学研究和实践训练。同时，师范类体育生应更加重视科学研究和训练，一方面要严格要求自己的科学研究和训练过程，认真学习科学研究的理论知识；另一方面，要加强平时科研经验的积累，养成浏览时事或体育新闻的习惯，逐步提高科研水平。

（六）实验和实践资源不足，学生创作能力不足

实验实践是体育专业教学中不可缺少的环节。体育专业的学生必须熟悉和掌握生理学、心理学和身体结构方面的知识，这将大大有助于他们将来的学习、训练和比赛。在实验过程中，学生可以通过实际工作更直观地感知和理解教学内容，加深印象，深化知识控制。体育教育专业的实验设施、设备和资源并不完善。一些高校必须特别注意实验室场地和设施的升级和建设。缺乏基础资源、对相关理论的不完全了解，制约了学生在实验基础上的学习机会。实验场地落后，缺乏实验资源和设备，是制约高校教学质量提高的重要因素。

由于高校成立较早、实验实习场地建成较早、实验实习设施设备购置较早，实验实习场地资源和设施设备存在较少或缺失的情况。一方面，在后续阶段的学校管理中，应当注意维护场地的资源和结构以及设备，避免场地的资源和设备受损；另一方面，高校的财政支持也决定了实验实习场地和结构的条件。在对学生的采访中，一些学生表示，学校缺乏相应学科的实验设施，或几乎没有实验设施。在实验内容方面，根据调查结果，高校认为有一半的普通人群对实验内容的安排不满意，这表明实验内容的安排仍然存在不足。

在教资方面，一项教师满意度调查显示，学生对教师的教学并不十分满意。教师的一项重要任务是对学生进行教育和指导。教师在教学过程中要始终把理论与实践结合起来，让学生清楚地理解理论源于实践，并最终应用于实践。教师要摒弃追求名望的陈旧观念，坚持认真负责的态度，为学生的发展着想，不断注重培养和发展学生的基本教学技能，培养学生的自尊心，增强学生的能力。为国家提供更多高素质人才，为社会经济发展添砖加瓦。

目前，高校虽然非常重视体育专业学生的教育实践，但也无法避免过多学生的实际问题，学习资源的配置也不能满足学生的学习需求。主要原因是高校缺乏对实验实习场地资源和设备进行维护和更新的计划和资金，导致实验实习教学条件不足甚至缺失。时代的进步带来了体育科技的飞速发展。高校应紧跟时代潮流，优化场地资源、设施设备，建设一支高素质的师资队伍，为体育教育专业实验实践的有效实施奠定坚实基础。

高校要与时俱进，加强实验实习场地资源和设备的更新，为体育专业学生创造更好的学习环境，为相关教师创造更好的教学环境。由于缺乏实验设施和设备，最重要的学习方式是将学生分组，进行分组实验实践。然而，在实验实践过程中，课堂上的时间是有限的，虽然小组学习可以照顾到每个人，但学生不能充分地参与实验实践；在资源紧张的情况下，课后没有时间进行实验和实践学习。这种情况会使学生无法提高实验认知水平，对实验实践的理解还停留在表面上，没有深入理解的机会。为了提高学生素养和基本竞争力，高校应加大对实验实习基地资源和实验设施设备的投入和支持，以满足学生的学习需求，确保实验实践教育环节的正常开展。

三、基于核心素养导向的体育教育专业实践教学优化对策

（一）优化教学实践环节，优化学生核心素养

随着社会的不断发展，教育教学的概念越来越丰富和完善。《中国学生发展核心素养》的三个层次、六大素养和十八个基本要重点是建立和完善教育与教育人才的培养目标和方案的基础。体育教育专业的所有实践教学环节都应注重培养学生的基本素养。体育教育专业实践教学要从培养学生的基本素养入手，把提高学生的基本素养作为各环节的主要目标，合理分配各环节的时间比例，确保体育专业学生在每学期的实践中不断完善。

课程和课程实践必须与学生体育学科的核心素养紧密结合。在专业实践环节，主要目标是培养学生的文化基础和应用技术。专业实践的目标任务是，夯实学生的人文基础，提升学生的文化底蕴，旨在提高学生理论素养、加强体育教学技能。在实验实践环节，以加强学生理论认知和实践创新精神为主要目标。在参与式学习环境下，学生对所学知识的理解和吸收速度加快，进而在实践中得到应用，对理论的深刻理解源于实践，并最终将引导实践的回归和反哺。

（二）扩大理论认知联系，提高学生认识

实践是认识的源泉，良好的教学实践可以加强理论知识的运用，也可以培养学生的实践能力，掌握一定的实践技能，体育教师要有知识，在一定的认知基础上进行实践。调查发现，许多学生不了解实践教学的内容和意义，这是缺乏信息意识的表现。社会发展很快，我们要充分利用身边的各类信息和信息平台丰富自身。然而，信息的质量参差不齐，在信息的量和范围几乎是无限的今天，增强对信息的筛选意识也尤为重要。

一方面，高校增加实践教学理论环节，使学生详细了解教学中各种实践环节的内容和组织，使他们很好地了解自己处于什么阶段，实践过程中要考虑到什么方面的实践、要掌握的问题等，在明确界定的目标范围内，教育学生反思和独立思考的能力；另一方面，院校和教师不能只局限于实践教学的形式和内容，必须深入其中，集中力量将理论和技术应用于其中一个实践环节，使学生养成会学、会问的良好习惯。在这一过程中，学生通过学会学习并寻找答案，培养了学生的信息意识。

（三）注重教学内容的设计，培养学生的学习兴趣

高等教育的目的是为社会输送人才，促进社会稳定高效发展。体育院校体育人才的培养不仅要注重基本素养的培养，还要培养学生主动学习的精神，提高自身素质。专业技能是体育专业学生必须掌握的理论和技能。当今社会对体育教师有着巨大的需求。社会体育指导与管理课程涉及面广，体育教师应掌握多种体育技能。在掌握运动技能的同时，还需要掌握相关的教育知识、运动损伤和康复知识。课程比较复杂，对体育专业的教师要求相对较高。"机械式"教学要求学生以固定的方式吸收知识，而这不利于学生养良好的学习素养。应当关注学生的学习过程，在教学中注重学生思维的发展，采用合作、探究、启发式教学模式，帮助学生提高分析问题和解决问题的能力。同时，在体育教学实践中，要注意培养学生的学习兴趣，合理设计和组织教学实践内容。

（四）重视教育实践评价，培养学生反思精神

在一定程度上，学校教育质量直接影响学校管理的活力、教师的素质以及校园设施和资源的水平。随着时代的进步，国家和社会的不断发展，体育教

育专业的发展也应与时俱进，加强人才和素质的培养，输送体育专业人才，确保与社会需求的有效衔接。在许多高校，要想形成自己的教育教学特色，首要任务是提高高校的教学质量。提高体育实践质量，优化体育实践的各个环节，是有效提高高校教育教学质量的重要途径之一。体育院校在教育教学过程中，必须始终关注相关的教学方法和动态的评价前言，及时、科学、合理地将其应用于实际教学中。

三省吾身，可以为师，这说明了反思的重要性。教育实习评估是对学生在实习期间或实习结束后的教育教学行为的反映和总结。持续的反思和总结可以发现问题，引导学生分析问题的原因，最终解决问题。它对培养学生勤奋反思的精神，提高办学质量有很大帮助。高校体育教育专业应提高对教育实践的评价频率，让学生有更多的机会反思自己，发现自己在教育教学中的不足，明确下一阶段应注意的问题。对自己的多次综合和反思，不仅是对自身优势和劣势的挖掘，也是对自身理论和技能的不断巩固和修正。在不断纠正和巩固的过程中，不仅要培养学生勤奋反思的精神，还要探索和加强学生的能力。

（五）重视毕业论文环节，提高学生科学精神

毕业论文是体育专业学生在实践教学中提高科学精神素养的纽带。从学生自身来看，首先要加强理论与实践相结合的科研方法学习，加强对体育科研方法的掌握，便于学生应对不同情况；其次，学生要端正态度和思想，诚信科研，不偷懒，不抄袭，认真完成学位论文。高校方面应合理安排各项任务的时间，将毕业论文环节贯穿整个大学生涯，减轻学生的学习负担，提高学生文献质量，长期锻炼学生的逻辑思维能力和各种科研技能；从辅导员的角度看，要加强对辅导员文件的监督，定期组织学生开展学术沙龙活动，在活动中与学生讨论问题，培养发现问题、分析问题、解决问题的基本科研精神，这不仅可以避免教师要求松懈、指导不力等问题，还可以培养学生的科学精神。因此，应该关注毕业论文的各个环节，培养和增强学生勇于探索、勇于批评、敢于质疑的科学精神。

（六）改善实验条件，培养学生实践创新能力

在参与实验的过程中，可以充分激发学生的求知欲，帮助学生有效地掌

握在实践中所学的知识，通过实验实践提高学生的动手、动脑能力。它是培养学生实践创新能力的最有效途径之一。体育教育专业应重视实验衔接，改善实验的软、硬件条件，合理利用，保证实验衔接的正常有序发展。首先，高校要妥善管理学生与实验设备的关系，合理配置资源，确保每个学生充分参与实验课堂；其次，高校要加大资金投入，完善实验场地，完善实验设备和设施，改善学生实验实践条件，提高实验教育环节的质量；最后，优化教学方法和教学内容。高校组织学习新的教学方法，审查教学内容，跟上教育的前沿，淘汰陈旧无效的教学方法和教学内容，提高学生实验实践的质量。在有限的时间内，合理组织实验实践的内容，让每个学生都参与其中，通过实验实践充分锻炼自己的实验实践技能，在实践中发现问题，分析问题，通过努力最终解决问题，培养学生的实践能力和创新能力。

第四节　基于核心素养视域下社会体育指导与管理人才培养优化研究

改革开放以来，国家采取了一系列措施，促进我国社会和体育事业的发展。随着经济的日益发展，社会对体育的需求越来越多样化，同时体育专业人才的培养对社会也极为重要。党和政府的一系列举措，为社会体育风尚注入了新的活力，更加重视体育锻炼在发展体育健康中不可忽略的作用，使体育事业成为机遇和挑战的新顶点，也为高校社会体育专业人才开辟了更广泛的实践和应用平台。

创新驱动的新时代将是未来社会经济发展的主流方式之一。实现社会体育领域的创新，专业体育人才是其核心力量。同时，新时代赋予高校社会体育"应用型"人才实现新目标，高校需要根据社会不断更新的需求，建立切实的教学目标、创新社会体育人才培养机制，着眼于新时代全民体育健身需求，全面提高教师的社会教学指导水平，培养学生的创造能力，与社会需求相适应。培养体育运动专业人才，满足社会需求，是现代社会经济发展的客观要求，是响应健康中国号召的必然选择，符合新时代的基本要求。

如何将高校社会体育人才的教育目标与社会需求无缝衔接，如何始终将专业方向和课程与社会需求相结合，是否要塑造学校的教育特色，应成为设定全球目标的基础。提高基本竞争力，创新社会体育人才培养方式，应成为培养应用型体育人才的目标。通过对部分高校社会体育指导与管理专业人才培养目标的分析，提出了如何培养社会应用型人才。

一、社会体育指导与管理专业人才培养模式现状

根据人才培养的需要，1997年国务院学术委员会公布的《授予博士、硕士学位和培养研究生的学科、专业目录》将体育学分为四个二级学科：体育人文社会学、运动人体科学、体育教育训练学、民族传统体育学。2012年教育部编制的《普通高等学校本科专业目录》将体育学分为七个专业：体育教育、运动训练、社会体育指导与管理、武术与民族传统体育、运动人体科学、运动康复与休闲体育，进一步明确了高校体育教育专业设置的方向。人才培养模式是指在现代教育理论和教育思想的指导下，根据特定的人才培养目标，实施具有相对稳定的教育内容、课程体系、管理体系和评价方法的人才教育的过程总和。实际上，它是为了回答中国高等教育改革的两个基本问题，即培养什么样的人以及如何培养人。高校体育专业人才的培养方法包括培养目标、培养过程、培养内容和培养方法。

目前，体育专业人才培养模式主要有三种。一种是综合型体育专业人才培养模式：必修课和选修课的培养方式，主要培养学生的综合技能。然而，学生的专业方向并不十分明确，这意味着学生在择业过程中的自主性和选择性较差，在社会竞争中的基本竞争力较低。二是体育教育专业应用型人才的分流和培养途径：在四年制大学教育中，前两年主要学习公共课程，后两年注重培养学生的兴趣和自主选择。但存在学生知识结构过于单一，热门行业体育专业应用型人才过于集中的现象；相反，不受欢迎的行业存在空缺。三是体育专业应用型人才即时培养模式：在培养学生能力的过程中，既要注重学生运动技能相

关基础理论知识的学习，又要加强学生专业技能的掌握，使学生全面发展。然而，这种模式不太实用，学生很难完全掌握知识和技能。

近年来，开办社会体育指导与管理专业的大专院校数目大幅增加，但人才培养的成效存在不足。这些不足之处主要表现在职业区分不清、培训任务不明确、不同职业的社会需求不同、培养目标不明确等方面，导致专业发展方向模糊、职业隔离。社会体育指导与管理专业设置与体育教育专业性质雷同，学生不能直接根据社会需要就业。近年来，问题主要凸显在以下方面。

（一）培养目标笼统，缺乏操作性

人才培育目标是体育人才发展应用模式的起点和抓手，也决定了专业体育人才的发展方向。根据学校的实际情况和社会对体育专业人才的需求，教学目标仍然难以满足社会对体育专业人才的实际需求。截至2009年7月，教育部制定《全国高等学校社会体育本科专业指导性专业规范》，其中对社会体育专业的培养目标是"培养具有良好的道德修养和文化素养，具有较强的实践能力和创新意识，掌握社会体育的基本理论知识和基本技能，能胜任体育健身、休闲娱乐指导工作，并具有体育健身休闲娱乐业经营管理、体育社会工作等能力的应用型人才"。2012年，《普通高等学校本科专业目录》将原来的"社会体育专业"改为"社会体育指导与管理专业"。到2016年，提出了"健康中国"的战略。中国体育发展的总趋势是广泛开展体育活动，满足人民群众的基本健身娱乐需求，有效提高人民体质，实现增强体育实力、健康中国的总体目标。

近年来，我国高等学校社会体育专业存在着诸多现实问题，涉及教学目标模糊、课程难以适应社会需求、地区差异突出、学生就业路径窄等问题。以下是近年来我国各类高校（包括体育院校、综合大学、师范院校）的教学培养目标。

A类高校（2014年）：培养具备社会体育指导和管理所需的基本理论知识、基本技术和技能、具有良好实践技能和创新技能的专业人员，能够在体育领域提供全面指导和服务，设计和开发项目，组织和宣传推广商业、社区、公共体育活动。

B类高校（2016年）：系统掌握社会体育的基础理论、基本知识和基本技能、从事社会体育和体育工作的能力以及健身指导能力、发展社会体育项目、开发公共体育用品等领域工作的高素质应用人才。

C类高校（2016年）：培养德才兼备、理论知识渊博、具有较强实践能力和创新知识的高素质社会体育指导与管理专业人才，能够指导体育运动、休闲娱乐，并能从事体育技术和体育产业管理领域工作的应用型人才。

D类高校（2017年）：培养能够适应社会发展需要的体育专业人才，掌握指导和管理社会体育的基础知识和技能，从事健身、技术咨询，管理组织等体育活动方面的应用型人才。

E类高校（2018年）：德、智、体、美等方面全面发展，具有较高的科学文化水平和较高的社会责任感，具有现代教育和健康理念，系统掌握社会体育基本理论和方法，开展体育运动，策划和组织群众教育活动，经营管理体育产业，创新创业，具备一定的体育科研能力，能够胜任区域经济和综合领域的社会体育工作方面的应用型人才。

体育不同学科定义不明确，专业领域不清晰，导致高校培养目标过于宏观，社会体育指导与管理专业人才不能满足社会对体育的需求，导致就业率低。

社会体育应用人才培养目标，必须根据当前的现实和社会的需要来制定，并动态地制定符合社会发展需要的可实现的发展目标；应在学校教学资源的基础上进行有效整合，为学生的学习和就业打下坚实的基础；突出能力培养，提高学生将理论知识转化为实践应用的能力，为学生创造广阔的就业平台；在学校和社会发展的背景下，有必要现实地确定教育目标，也就是说，教育与培养的目标必须是一个整体。

（二）专业方向不明晰，缺乏社会性

我国正处于从体育大国向体育强国转型的关键阶段，对体育专业人才的需求使得高校也呈现出多元化培养方向的趋势。高校体育学科设置的合理性将影响我国体育强国目标的实现。目前，高校体育专业设置更全面，专业化更精细，学科范围更广，对学生的要求普遍越来越高。但有些高校在社会体育指导和管理方面仍难以适应其专业特点，一是由于大学的教学条件有限，难以根据社会需要和教学需要，重建额外的教学设施；二是专业教师在从体育专业转向社会领导和体育管理专业方面遇到困难，导致一些高校即使开设了社会体育领导和管理工作，却不能满足其专业化的基本要求。

从专业化的角度来看，社会体育指导与管理专业人才的培训素质，难以满足社会的实际需要。体育专业化非实质性融合发展，导致社会教育指导与管理专业选择受到严重制约，对教师基本知识和专业技能缺乏社会需求，最终导致社会竞争力下降。

（三）课程设置牵强，缺乏适用性

由于教育目标不明确，很难建立专业课程系统，也很难在社会体育指导与管理课程中找到合适的切入点。有些学校分为主课和基础课；主要科目为体育学、公共管理和社会学；核心课程包括教育学、心理学（包括运动心理学）、体育社会学、体育科学研究方法、运动训练、体育统计学、运动生理学、运动解剖学、社会体育概论、体育俱乐部管理、体育管理导论、社区体育导论、体育经济学、健康评价与运动处方、运动项目理论与实践。

开设专业课程是培养从事社会体育指导与管理专业人才的必要条件，为社会体育应用人才的培养服务。因此，合理的专业培训有助于培养高素质的应用型管理人才。目前，专业理论与专业技术学科之间存在着脱节现象，课程专门化，教学实践薄弱，没有充分考虑学生的能力和现实的学习环境。此外，大专院校的必修课与选修课不协调，导致学生从兴趣出发，在选修科目上的自主性较少，未能充分反映学生的学习性质、思维、创新能力和实践能力，受到很大限制，造成培养高素质的社会体育应用人才困难。

高校在组织课程时，首先要始终关注社会动态，培养适应社会体育需求的应用型专业人才；其次，还应该以学生为标准，以教师为指导，以学生的兴趣为基础进行选课，这样既可以提高学生的知识和技能，又可以加强教师专业技能的提高；最后，提高学生就业率，提高学校核心竞争力，打造学校特色品牌，促进社会体育定位和管理专业发展。

（四）专业教师缺位，缺乏应用性

社会体育指导及体育管理专业发展了二十余年，但由于缺乏明确的发展目标，以及课程未能配合社会的需要，至今仍然定位不明晰。短期内难以满足学生在社会体育指导和管理方面的实际需要，也难以满足社会客观的需要。希望从事社区体育及成为专业教师的学生，不能同时获得能力和适应的同时满足，大部分教师只是采用以往的教学经验，而忽略了社会的实际需要。要彻底摧毁他们的旧知识体系，继续发展适应不同专业需要的新知识领域是很困难的。大部分教师在跨专业教学中效果不好，例如市场营销类专业教师对体育的认识了解太少，难以将市场推广与体育营销结合起来，也难以进行有效辅导。高校如何选择综合职业教师已成为历史性的挑战，这也是社会体育指导与管理专业教学组织难、学生就业难的重要因素之一。

调查发现，一些不负责任的学校将社会体育指导与管理课程与体育课完全统一，同时开设了多个专业。某所大学曾同时开设体育营销课程和社会体育指导与管理、体育专业技术课程，与职业培训目标完全分离，严重浪费了体育专业学生的学习时间，限制了社会体育指导和管理专业学生的知识获取。

二、社会体育指导与管理专业应用型人才培养的精准度对策

（一）明确人才培养目标与社会发展的符合度

在新的时代，必须培育出适应社会经济发展要求、有理想、有担当、勤思考、勇创新的新型专业应用人才。作为社会体育指导与管理专业技能培养的目标，主要任务是培育德智兼备、能力全面发展所需的人才。实现新时代人才专业化、应用化发展目标，把人才发展目标与"新时代"结合起来，紧跟社会发展步伐。

人才发展的目标具有可操作性。社会需求新时代发展应用型体育人才，需要紧密结合市场需求，明确具体地培育目标，改造传统的教学理念和教学方法，夯实学生的理论基础，并提高学生的创造能力和实践管理能力，保证学生的全面发展。要更加注重个性化和突出优越性原则，学习过程结合社会发展，充分揭示学生的性格和主观能动性，及时更新社会信息，激发学习兴趣。鼓励他们积极参与学习，增长见闻和拓宽视野，配合社会发展的步伐，在实践中教

导学生以社会需要为本的思维方法，重点加强综合能力。

（二）优化课程选择与社会需求的结合度

高校开设面向就业和社会需求的特色课程，优化课程设置和学科结构，提高学生的实践创新能力和社会就业竞争力，加强学科建设，培养社会所需的新时代社会体育人才。高校在制定课程时要突出必修课关注选修课，合理分配必修课和选修课，解决基础理论课和实践课的比例问题，合理分配实践课与社会实践的比例。社会现时所需的专业人才，不单需要扎实的理论知识、专业技能，而且更要有创新精神和社会实践能力。

社会体育指导与管理专业要努力打造自身特色和品牌，提高学生的专业水平和综合能力，增强自身的核心竞争力。教师在教学过程中要不断把理论与社会实践紧密结合起来，为学生提供更多的实践活动机会和平台，注重培养学生研究问题、分析问题、解决问题的能力，紧紧围绕新的体育专业人才培养目标，充分响应新时代的社会和体育需求。

（三）提高教师队伍建设与专业方向划分的匹配度

教学力量决定教学质量，提高教师素质是保证教学质量的关键，是培养合格人才的基础。要培养高素质的社会体育专业人才，必须有高素质的教师队伍。各高校在开办专业课程时，必须以市场需求为导向，结合学校的实际情况，按专业课程聘请高质素的专业教师。增加在职教师参与有关理论及教学培养计划，加强教师的专业训练，发挥本身的经验及优势，提高教师的资历及素质，并确保教师队伍发展与职业导向之间的高度契合。

（四）开启思维转变与多元需求的关注度

目前，一些高校教师在教学过程中注重狠抓学生学习和掌握运动技能，对学生理论知识基础重视不够。社会体育专业人才培养旨在把新时代的社会和市场需求纳入教学体系、教学理念和教材，通过社会实践将学生的体育知识转化为实践应用，注重学生自主解决问题能力的创新意识。高校在制定专业课程时，要紧密结合社会需求，教师在实施以学生为中心的课程时，也要关注社会和市场需求，及时紧密地发展适应新型社会体育应用的专业人才。

（五）转变教学方式与实践创新的契合度

社会教育指导与管理专业教育方法应首先激发学生的学习兴趣。在教学过程中，设置"数据预采集、课堂提问、课堂讨论、课后整理和反馈"环节，紧密联系体育实践，充分调动学生课堂积极性和互动性。加强学生的学习能力和对知识的深刻认知，培养学生的自主学习理解能力，激发思维，培养学生解决问题的能力。

教师在技能培训过程中，要充分尊重学生的性格，不断关注学生的身心健康，激发学生的学习兴趣，增强学习动机，增强学生的运动技能，培养学生的运动能力；教师教授基本理论知识的目的，应是培养学生对学科的前瞻性思维，帮助他们确立长远目标，培养学生将体育理论知识与其他学科相结合的技能；建立包容的学习方式，注重学生的实践创新能力。

（六）更新教育理念与学生发展的衔接度

高校应体现"健康第一"的原则，作为学生全面发展的前提，以示"以人为本、以德为先"的培养目标。高校通过理论基础、体育技术和技能的传授，逐步实现学生的社会化。在这方面，发展体育在学生全面发展中的作用，是人力资源发展和课程发展的一个重点。信息时代，高校在应用型人才培养过程中，首先要把素质教育和大众教育的多样性纳入人才发展的应用目标和课程设置；其次，必须将学习重点重新定位在培养各种技能，如理论知识、运动能力和社会责任感、创新能力、社会适应能力等，积极开展社会活动；最后，在以学校实际情况为基础的开明教育、以社会需要为本的知识教育目标和教学质量的前提下，适应社会发展和市场的需要，定期调整人才培养目标和课程设置，以学生综合素质为重点，增强学生的核心竞争力。

（七）创新人才培养模式与教育思想的更新进度

体育专业技能发展创新模式的关键在于转变教育思维，形成创造性思维，使人才发展模式与教育思路相适应。一是培养具有理论知识、较强运动技能、创造性和实践能力的体育专业人才；二是形成持续教育的思维，注重学生德智体美各方面的发展，同时结合学生的思想、道德、社会责任等实践活动，打破应试教育的禁锢，着眼于学生的全面发展；三是形成实践性创新和个性发展的教育思想，按照教学材料，尊重和鼓励学生的个性发展，强调学生的自主发展性，适应个性发展的需要，创新多种模式的人才培养风格；四是高校要深入了解当前社会经济发展现状，根据社会发展、社会要求和市场需求，改革体育专业人才培养创新模式，培养能够满足社会需求的体育专业人才，满足社会需求，有社会责任感。

在新的时代背景下，必须改革大学的教学，使之与变革同步，以社会需要的人才为出发点。体育专业化的发展目标应以社会发展的需要为基础，坚持健康第一、学生本位、通识教育，促进学生的全面发展，提高毕业生的综合素质。社会体育指导与管理专业课程应紧密结合市场需求，及时优化课程结构，打造专业教学特色和品牌，积极培养学生的创新和实践能力，以提高体育专业化在人才市场上的竞争力。优化和提高教师队伍素质，确保培训课程与职业指导的高度一致性。体育职业技能发展模式的转变与创新，关键在于转变教育思维，培养有理想、有担当、具备社会责任感的应用型人才。

第六章　核心素养下体育专业课程改革探索

第一节　影响体育教育专业课程改革的课程理念

一、高等教育理念的发展对体育教育专业课程改革的影响

课程改革是教育体制改革的重难点，教育理念是课程的顶层理念，教育理念的转变应体现在课程改革中，成为课程改革的概念要素。体育教育专业是我国高等教育不可分割的组成部分，因此在坚持高等教育改革总体指导思想的同时，也坚持高等体育教育专项计划改革的宏观理念。

（一）素质教育理念与体育教育专业课程改革

素质教育首先是针对应试教育的不足之处而进行的，这是必须尝试的，同时也意味着不能片面地追求提高学习成绩。

在体育教学领域，不同的学者通过体育教育、心理学、社会学和人才学等途径，对体育中的素质教育进行研究。例如，有人认为，由体育方面的"义务教育"转为"优质教育"，由"体育为本"转为"以人为本"。从心理学角度看，认为将体育教育的重点从知识转移到更高素质的能力，使体育教育更接近其基本的概念变革。但是，从社会学和人才学的角度来看，一些学者认为，"社会发展对新世纪体育人才的素质提出了更高的要求，把体育、教育与人才的和谐发展有机地结合起来。

20世纪90年代，高等教育质量开始受到更多关注。与基础教育中的素质教育不同，高等教育中的素质教育主要针对高等教育中存在的过度专业化、实用化、忽视通识教育、过分重视科学教育、忽视人文教育等不利趋势，寻求

"科学教育与人文教育相结合""将理论引入文学、渗透人文科学""拓宽专业素质、加强基础教育"以及支持"学会做人、学会合作",转变高校人才培养方式,提高大学生综合素质特别是人文素质。在高等教育领域,素质教育思想强调的是在人才形成过程中,把传授知识、培养技能和提高素质结合起来。人们反思过去过于狭隘的职业培训,认为应该加强大学素质教育。对于高校和体育院系的学生来说,加强人文素质教育,拓宽学生的知识面和视野尤为必要。此外,一些人认为,应该从更广泛的角度来理解素质教育这个词。体育院校的素质教育应包括思想政治素质教育、文化素质教育、业务素质教育和身心素质教育。从这个角度来看,素质教育包括职业教育,但它是职业教育的延伸和深化。

素质教育体现在课程上,即学校必须首先提供学生全面发展所需的尽可能多的课程。这类课程不只包括职业训练课程,更重要的是包括个人发展的普通教育及人文课程。课程内容的设计和选择不仅应考虑知识的理论、系统和逻辑方面,还应考虑技能发展问题和其他非智力因素,这些因素能够协调课程设计、课程结构和课程体系,主要是为了提高专业素质人员的综合技能。素质教育是一种新的教育理念,素质教育的理解和实施,是改革现有的21世纪体育高等教育课程和培育体育人才所必需的。

在高等体育教育专业中,素质教育课程应遵循通识教育与职业教育、科学教育和人文教育有机结合的思想,以避免过分强调职业教育而损害基础教育和片面地将科学和人文教育分开。不仅要克服我国体育教育体系中的"重武轻文"思想,也要避免技术至上的片面理念,不要忽视自然科学来发展人的个性。在当前的体育教育专业化课程体系中,人文、社会学和自然科学应占有同等的地位,以确保体育人文与体育科学、通识教育与专业体育教育的最佳结合,并理顺体育专业人才培养模式的课程结构。

(二)教育终身化理念与体育教育专业课程改革

教育终身化的概念起源于20世纪60年代的西方,是由社会、经济、科技发展共同作用产生的现代教育概念,对世界各国的教育,无论是基础教育还是高等教育,都有深远的影响。

传统教育最突出的特点是阶段性和终极性，因此在很大程度上是学校教育的代名词。此外，传统学校教育由于其封闭性，与社会教育不相适应，使学校教育难以适应社会需求。终身教育理念的引入，克服了传统教育在时间和空间两个维度上的局限性。终身教育有两大特点：从终身教育的覆盖面上看，终身教育是一种持续的教育形式；而从内容上看，它不是一种单一的或者简单的教育形式，而是一种教育理论和教育理念，涵盖所有现有教育形式。从这个意义上说，终身教育是具有包容性和延展性的。持续时间的延长和空间层面的融合，共同构成终身教育的内容和覆盖面，也奠定了终身教育的理论基础，是终身教育理论体系的两大支柱。近年来，终身教育的概念对世界各国的高等教育制度和课程改革产生了巨大的影响，成为许多国家高等教育和课程改革的基本原则。

终身教育的概念，要求高等教育课程不应局限于对某一特定学科进行系统和专门的研究，而应更注重科学本身的综合性和整体性，以及扩大学生学习不同学科的知识基础。在这一思想的指导下，国外一些大学开始打破传统的知识结构，重新调整类似知识的内容结构，强调科学本身的完整性，以尽量减少过度专业化的弊端，扩大学生的知识面，提高文化知识的相互渗透程度。同时，终身教育是以学生发展为中心的教育理念。根据终身学习的要求，高等教育课程应以学生的发展、培养他们的学习能力和教授方法为目标。目前我国高等教育体系对学校课程缺乏总体认识，同一阶段不同学科缺乏纵向综合的课程设置，不同学科之间缺乏横向有机的联系，这就导致：一方面学生的知识面出现了不必要的重复和空白，另一方面形成了单向性、机械性和再现性思维习惯，不利于培养他们的多元化、灵活性、创造性思维和研究能力。

以终身教育思想为核心的体育教育专项课程改革，需要从整体上看待。我们要运用终身教育理论，检讨和组织体育专业课程体系，不应局限于单一知识体系、个人需要和社会发展，不应只考虑主动适应，而应考虑时代精神，也就是说，应以终身教育理论为基础，组织和优化体育专业课程体系，充分考虑到课程与其持续时间之间的横向和纵向联系，同时避免课程重叠或脱节，确保课程内容有足够的灵活性和多样化，使其适应学生个人发展，避免不同学科的课程重叠，减轻学生的负担。通过发展综合体育计划，培养学生的整体思维和分散思维方式，促进学生的个性发展，让学生对世界有一个整体的认识。在整个教学实习体系中加大改革力度，追求知识的科学统一性和广度。

（三）教育个性化理念与体育教育专业课程改革

教育个性化的概念，旨在打破传统教育重知识轻能力、重共性轻个性的缺陷。长期以来，我国高等教育强调知识灌输，忽视学生的主体地位，忽视学生的个性，片面偏重书本知识，忽视实践教学经验，等等。这种"标准"的产生方式否定了学生的差异性，学生因没有兴趣而表现出惰性，被动接受而没有主动创造，只有团结共性没有独特的个性，导致人才发展的单性僵化，严重阻碍了我国高等教育的发展。面对科学技术日益发达、知识进程日新月异、市场瞬息万变、竞争日趋激烈的现代社会和未来社会的要求，高等教育必须走出单一状态，大力鼓励教育的个性化。

教育是个性化的，旨在把人培养成"人"。它要求承认智力、能力、经验、社会背景、个人性格倾向等方面的差异。教育个性化意味着改变传统教育的方式，传统教育方式不考虑个人的个性、特殊性、强调人的共同性，也不考虑人的兴趣、能力等方面的差异。教育的个性化是人的自然属性和社会属性的总和，是教育个性形成的过程，作为现代教育思想的新前沿，在西方教育理论的影响下，教育的个性化强调人的全面发展，强调人的人格的丰富性，是重新认识教育功能的标志。

构成学校教育基础的课程必须体现个性化的教育方式。教育的个性化要求课程包括人格发展、人的创造力发展、人的独特性发展、人的完整性发展等功能。因此，教育个性化要求作为教育体制改革核心的课程改革必须以"人"为中心，促成全面可持续的和谐发展。

作为对个性化教育理念的回应，体育教育专业课程改革应克服传统课程模式的制约和障碍，如单一的培养目标、单一学科的课程结构、单一的课程模式，克服"社会""学生"与"知识"的对立关系，构建多元化的课程模式。第一，课程目标构成因素的多样性。教育个性化的理念支持教育目标的多样化，在原有的基础上追求所有人的最大发展；需要改变专注于知识转移或经验获取的独特标准，并建立一个包含知识获取、智力形成和人格和谐等多个因素的全球目标，以有效指导课程的制定和实施。第二，课程的多样化。长期计划经济体制下形成的独特的中央集权体制，使课程难以灵活变化，难以适应不同地区、不同学校和不同学生的不同情况和需求。因此，高校教育必须打破这种中央集权体制，以国家课程为前提，实现国家课程、地方课程和学校课程的和谐发展。第三，课程内容的多样化。高校体育专业不仅要具备自然体育科学的知识，还要渗透人文相关知识，打破学科界限，简化整合内容，增强时代感，扩大课程的张力，使其具有流动性和多样性，同时保持其基础。第四，课程形式的多样性。为了使课程更好地促进学生综合素质的提高和个性的发展，改变过去独特的课程体系，必须以丰富多彩的课程形式为支撑，以学科课程为基础，学科与技术学科相结合，构建合理的课程结构，减少必修课，规范和拓展选修课，形成必修课与选修课有机结合的合理结构，加快发展隐性体育课程，构建显性课程与隐性课程共同作用的综合课程结构。

（四）教育国际化理念与体育教育专业课程改革

总的来说，传统教育是一种相对封闭的教育体系和教育形式，而开放时代的信息社会则要求一个国家的教育必须面向世界、面向未来。当今世界的特点是以普遍愿望和趋势为特征的全球经济一体化，全球化进程的进步必然会摧毁封闭的国民教育，使教育国际化取得重大进展。推进高等教育国际化，是构建中国特色高等教育体系、对外开放、面向世界、实现高等教育现代化的必要条件。

目前，高等教育国际化的定义缺乏一致性。有学者在总结一系列有关教育国际化的研究报告时指出，"高等教育国际化是指国家高等教育机构在国家和国际两级交流、合作和援助的基础上发展的过程或趋势。"

当今世界是一个竞争的世界，一个需要合作和相互依存的世界。在几乎所有国家，为了促进科学、文化和教育交流与合作，均以面向世界为前提，进行国际间的交流、合作和互助。

为了使我们的高校教育教学适应教育国际化，课程结构必须作出重大改革。在高校体育教育方面，国际政治、国际经济、国际关系、区域文化等国际教育科目，以及历史、地理、风俗习惯等，都可以列入社会文化基础教育课程。吸引外国专家学者前来授课，让学生认识世界，创新思考，开阔视野，形成国际意识。应特别注意外语教学或双语教学，特别是英语作为一项战略任务的熟练掌握，使他们具备国际交流、对话和获取国际信息的手段和能力。

二、体育教育专业课程的基本理念

体育专业教学课程背后的基本哲学是指导特殊体育教学大纲改革的哲学，它体现了指导思想，体育教育的改革重点和实践行动，是体育专业课程改革的理论假设和基础。明确体育专业课程基本概念对于深化体育专业课程改革的理论研究，推进体育专业课程改革的实践发展具有重要意义。

根据国际高等体育教育课程改革的趋势，重新思考体育教育专业课程的现状，比较我国体育专业课程的发展历程，特别是改革开放以来实施的五项教育标准的变化，坚持辩证唯物主义思维，结合当前国家形势，根据新世纪高等教育发展的需要和体育专业人才多样化需求的需要，在制定体育教学专业课程时，主要考虑以下基本理念。

（一）体育教育与健康教育相融合

推行"全民健康"计划及制订学校体育"健康第一"的理念，健康的概念亦超越纯生物的概念，取而代之的是适应心理社会及身体状况的崭新的健康概念，而对"健康"的需求在新世纪成为人们关注的焦点，使得健康和体育成为热点话题。

社会和学校都要求提高体育专业人才的素质。体育与健康教育相结合是新世纪体育专业特色课程发展的必然趋势，是社会发展和学校体育改革发展体育教育专业，以及体育教育自身发展的必要条件。而正是这个时代的发展趋势，促成了高校体育教育专业的发展。

尽管我国体育专业课程的发展呈现出在体育教育中引入健康教育的趋势，但由于传统学校体育思想的影响，无论是体育还是大、中、小学，从教育目的、教育内容到教学学科规范，从教学设置到教学的具体内容、方法和手段，主要从外部或口头上强调"提高体质"，推行以"自然体育"和体育技术竞技技能提升为重点的"三基础教学"，忽视了体育能力的培养，忽视了体育文化和习惯的养成。体育教师就读于体育训练学校，毕业后从事体育教育工作，对体育和健康知之甚少。此外，我国高校的体育专业在其培养健康生活方式的结构和体系中缺乏学科和专业的知识和技能，导致我国高校的体育专业长期摆脱不了"运动技术"的错误，缺乏旨在提高身体素质的基础性训练课程体系，即使有健康教育计划，但体育和健康教育的内容并没有有机地融合在一起。

体育与健康教育相结合，是新世纪体育专业课程发展的必然趋势。因此，体育教育专业必须改革教育思想，扩展专业化，确立体育与健康教育相结合的教师培养目标，建立体育与健康相结合的课程体系。这套新的课程制度，并非简单地归纳前两个课程，而是以发展目标、课程结构改革、优化课程设计、加强课程发展为基础，使专业知识和技能融入学生的业务质素，使教师既能运用体能训练的方法和手段，又能运用健康知识发展体能；体育运动的发展和学生学习生活体育能力的培养，使他们的知识和能力有了很大的提高。

建立体育与健康教育相结合的师资培训综合课程体系，改革体育课程、教材、教学流程，改革以往以竞技体育为重点，由单一体育专业的培育向与健康教育相结合的培育转变，强调全面发展学生的个性和健康，加强人体健康知识和科学锻炼方式的传授，运用新理论、新技术和现代教学手段，在理论课上讲授传统的健康促进理论和方法、体育环境与健康、康复、营养学、运动健康等健康锻炼课程，各种身体锻炼的基础方法等技术学科改变传统体育项目的趋势；强调它们作为促进健康的方法和手段的作用。

（二）通识教育与专业教育相结合

20世纪以来，国际高等体育教育出现了两种典型的课程模式：一种是以美国为代表的教育通识课程模式，该课程重视通识教育课程，即基础知识教育课程，强调知识的基础性和普遍性；二是以苏联为代表的职业教育课程模式，该课程重视体育课程，强调知识的专业化。这两种课程模式反映了两门高等体育课程的价值取向和课程编制思想。年代以后，高等教育课程观念发生了变化，开始注重"专业"与"通才"相结合的课程模式，体育也不例外。高等体育教育应树立通识教育与职业教育相结合的课程理念，培养学生建立专业知识、技术与基本文化知识相结合的知识结构，使学生能够合理运用知识，为了适应时代的需要，当今社会对"宽口径、厚基础"的优秀人才有着很强的适应性。

体育通识教育与专业教育相结合，包括真正解决当前体育教育与社会需求、体育与人的整体发展之间的矛盾。这两个因素的正确结合，是现代体育科技加速发展、向广泛学科和交叉学科拓展和融合的历史必然和现实选择。人的和谐发展及其完整性的表现需要高水平的体育教育和职业培训。在市场经济条件下，人才流动频繁导致职业和工作岗位的变化，对体育人才基础知识的要求是改革体育专业课程。

体育教育专业化课程是作为人人共享的"通才"模式发展起来的，它发展了一大批涵盖自然科学、人文科学和社会科学各个领域的通用基础课程。改革之初，在当时的历史背景下，在体育教育专业方面课程设计上主要采用"专才"教育模式，在专业理论、知识、教学组织技能上，学科之间相对独立，纵向课程设计设置培养方案。基础理论课程教授的学科较少而且都是必修课。平均而言，8门基础课，即总课时的20%左右，人文社会学科、政治思想课占相当一部分比例，重点是政治教育、外语、计算机课程，对自然科学知识和对人文学科重视不够。在专业课程方面，更强调体育技术学科，以及以专业原则为基础的理论学科，但仍显不足。

从宏观上看，在当时的计划经济条件下，高校和体育院系建立的课程体系基本可行，形成了一大批具有较高专业技能的体育"专业人士"，在特定的社会条件下发挥了积极作用。20世纪60年代以来，随着社会主义市场经济的建立和体育在社会各个领域的不断渗透，职业教育课程模式日益暴露出其局限性。在体育科技日新月异的发展形势下，体育教育要加强基础学科和基础理论学科建设，使学生有机会打好文化基础，掌握更广泛的理论基础，为了使学生能够更适应以一般理论为基础的课程的要求，其内容应涵盖自然、人文等学科。外语、计算机等基础应用学科也很重要，其目的都是提高体育专业学生的人文素质。改革狭隘的职业教育模式和课程体系，形成以知识为本、以职业为本的体育教学理念，拓展学生知识，强化基础理论和专业基础课程，优化学生的知识层次结构，是面向21世纪的教育体系的主要目标和基本组成部分之一。

（三）科学教育与人文教育相整合

自然科学和人文科学是两种相辅相成的文化和认知理论。在古代，自然科学和人文科学融合在一起，统称哲学。直到近代，自然科学才迅速发展，专业化教育也才应运而生，人文教育和自然科学教育开始分离。专业化教育的直接后果是倾向于技术性、功利主义倾向，人文精神逐渐衰落。人类体育的发展还呈现出多种价值失衡的特点，如运动场暴力、比赛结果受金钱操纵、违禁药物等丑闻。现代社会要求人们具备社会和谐发展所需的人文素养和良好的科学素养，因此，人文教育与科学教育的融合是现代体育发展的必然要求。

同时，通过对科学人文价值的深入探索和对"人"在科学发展中的主导作用的客观认识，科学思想与人文思想的融合已成为必然趋势，同时体育本身也具有"科学"与"人文"的特点以及科学教育与人文教育的双重功能，以科学与人文相结合的精神思考体育运动，将科学思想和人文思想融入体育教学，融入体育教育，体现了人文教育与科学教育的融合，人文精神和科学精神不仅符合科学人文思想融入现代社会的历史趋势，而且是高校体育教育发展的根本方向。

当代科学教育实际上包括自然科学教育和技术教育两部分。人的创造力和创新能力既受制于人的科学知识和科学精神，也受制于人的情感水平和人文精神。我国高等体育教育现行课程体系重体育自然科学课程、轻体育人文社会科学课程，割裂人文教育与科学教育的天然联系，于是形成虽重视体育科学知识的传授，却忽视体育科学精神的培养与体育人文素质的提高的弊端。这样的课程体系当然不可能培养出大批高质量的体育创新人才。因此，克服以往课程体系中存在的"重武轻文"、学会技术吃遍天下的弊病，构建科学人文主义体育教育课程体系，实现体育科学教育与人文教育的整合，成为我国体育教育专业课程改革的重要理念。

我国体育通识教育的主要课程大多是不同的政治理论课加外语，再加上固定模式的计算机和法律课程，没有自然科学课程和人文教育课程。然而，职业培训课程对体育技术课程重视不够，对专业核心理论课程重视不够。专业理论课程注重体育的自然学科——体育的基础学科课程，而忽视体育的人文学科、社会学科和行为学科——体育应用学科课程。专业理论课程主要包括运动生理学、运动解剖学和体育保健等生物学课程，缺乏体育人文社会科学课程，技术课程相对狭窄和集中，注重学习和提高技术和运动技能，轻视相关理论和教学方法，形成以重点竞技体育项目为核心的技术课程体系。随着社会的进步和体育教育的发展，我国体育教育专业的课程理念逐渐呈现出体育科学教育与体育人文教育相结合的趋势。

现行的高校体育教育特色课程体系，应作为加强体育人文学科素质和发展人文教育的出发点，在通识教育的体系框架内，在加强体育生物学科课程的基础上，开设体育哲学、体育史、体育艺术、体育道德、体育经济学及体育人文社会学科等课程，提升学生的文化素质、审美、人文及科学知识，从而完善了体育与人文教育和科学教育的结合，实现了体育专业学生人文精神与科学是一样能力的统一。

（四）学术性与师范性相统一

高等体育教育是高水平的职业教育，也是与体育教育专业有机结合的双专业综合教育。保持学术性、教学性的统一是由体育专业教育的性质决定的，是培养合格体育专业师资的必要条件，也是体育教育的主要特征。教学性体现了体育教育专业的性质和特殊性，这是由体育教育专业的本质决定的，因此是不可替代的。学术性反映了体育运动专业培训的水平，使体育专业受教育者有机会获得学术资格。21世纪的社会和科技成就对体育教育的素质和专业性的要求越来越高，所以从发展的观点来看，体育教育专项课程体系改革要以高校体育教育的规律性和特点为指导，形成体育教育的教学理念和学术理念。

现代高等教育的一个显著特点是学科学术训练水平高，体育教育也不例外。在我国职业技术教育结构中，体育运动以"特色学科"为指导，无论从学科内容还是课时长短来看，都是以学科专业为主的课程组合，表现在课程的各个方面，呈现出体育专业课程的"学术"和"专业"性质。然而，强调"专业"是在削弱教学和科学研究中的"学术"性质。与其他体育专业相比，体育教育专业特点是教学性强，主要是在课程安排方面。如果体育教育专业人士不把教育科目视为自己的专业，他们便会在没有"学习"的情况下"动起来"，从而失去社会中的吸引力。目前，我国高素质的体育运动专业人才在教育教学改革过程中逐渐失去教学特色，过分关注学生的"学术"学习过程，忽视了他们履行教学职责的能力。

21世纪社会和科学技术的发展对未来体育教师的素质和专业水平提出了越来越高的要求。"教师专业化不仅包括某一学科的专业性，还反映了对教育原理的认识，以及教学能力和实践管理的提高。"因此，体育教育专业课程重点培养体育教师应做到以下几方面。

①丰富教育理论课程。转变传统的教育学、心理学和教学方法，将教育学、教育社会学、教育科学研究、教育心理学、教育法规和师德修养、教学论、课程论等学科拓展为教育哲学、教育社会学、教育科学研究、教育心理学、教育法规和师德修养等学科。②增加教育技能课程。它可以包括现代教育技术、教师口语、教材分析与测试教学、课堂教学艺术、班主任工作、教学评价等。③加强专业课程与教育课程的整合。体育课程实际上包括学科课程、教育课程以及两者的结合。高校体育教育在课程设置和培养学生方面，不仅要重视教育学、心理学等教育课程，更要重视体育课程作为特殊的技术原理和方法，更要注重二者的结合，建立更加全面、小型化、学科化的体育教育主题课程，加强体育、体育教育学和教育实践的教材和教学方法的教学和管理，提高学生理论转化为实践的能力。④加强教育实践环节。为了培养未来教师的能力和个性，体育专业必须增加教育实践的课时，拓展教育实践的内容，如组织体育竞赛裁判工作、领导社区健身活动、增加社会探究等。此外，在方法上，要改变毕业前夕集中安排实习的传统做法，采取分散实习与集中实习相结合的方式，建立理论教学与教育实践的功能联系。

鉴于社会发展趋势和对体育人才的需求，体育教育长期以来一直是体育专业教育的重点培养方向之一，这是由现阶段的国情和国家发展教育的基本政策决定的。为此，从现代和历史发展的角度，体育专业课程改革要以高等体育教育的规律和特点为指导，明确目标，优化课程结构，增强学术性，发展教学训练，以使未来的体育教师在"教学"和"学术"两个方面都有足够的培训，同时特别重视学科的学术水平以及教育教学和培训的完善，在新的基础上，在新的背景下，努力实现学术和专业的融合，提高体育教育的专业水平。这是构建现代体育教育体系的切入点和主要目标之一。

（五）共性与个性协调发展

强调共性、忽视个性；强调统一、忽视多样性；强调课程规定、忽视学生选择性的传统人才培养模式和课程体系过于笼统，制约了学生个性的发展。现代教育的一个重要特点，是提倡尊重学生个性和需要。高校体育教育的任务，一方面是不断将社会需要转化为学生自身的需要，另一方面是注意学生个性的差异，尊重个性的发展，满足学生个性发展的需要。因此，保持整体与个体的和谐发展是形成现代高校体育教育专业学生培养课程模式与体系的基本思路之一。

共性和个性和谐发展的理念体现在体育教育专业课程中，首先是必修课和选修课的结构调整。课程结构需要相当多的必修课程，以确保学术掌握专业和基础知识，同时也需要开设相当多的选修课程，结合学生知识结构的同时考虑个人差异和社会对体育的需求。必修课和选修课实际上表明了培训专业人员的一致性和灵活性之间的联系。社会对体育人才的需求越大，高校体育院校课程中的必修科目就越多，而当社会对体育人才的需求趋向多元化时，高校体育院校课程中学科的比重就越大。

与中华人民共和国成立以来的主要体育课程相比，最显著的变化是选修课的种类和课时逐年增加。课程数量从1949年初的5门增加到2004年的128门，学时比例从1955年的11.9%增加到今天的36.7%；课程类别也从最初的技术学科专业课程转变为学科与技术学科相结合。自1986年以来，选修课的形式发生了变化。1986年和1991年，选修课分为限制选修课和任意选修课。1997年出现了一些选修课。体育专业的选修课程于2004年以模块形式设立。特别是2004年新课程改革中的课程设置，顺应了新世纪社会发展对体育人才的多元化趋势，体现了广告个性的特点，增强了各地的多样性和灵活性。在2004年新学习计划的必修课中，主要课程是按照行业设置的，具有一定的灵活性，突出了学习计划的灵活性，提高了新学习计划的适应性。普通必修课允许开设学校课程和地方课程，这有利于各学校设置具有层次性和特色的选修课，特别是选修课的数量和课时大幅增加，并以模块的形式设置，突出了课程的小型化。只有小型化才能带来多样化，只有多样化才能带来个性化。

随着国际高等体育教育课程的改革，选修课的增加和灵活的课程引入呈现出必然趋势。随着课程改革的不断深化，人们越来越认识到，传统的、统一的教学模式已经不符合当今世界多样化的趋势。因此，整合主流课程，发展选修课程，引入三级课程管理，以提高体育教育专业课程的灵活性，在学生个性自由、全面发展的基础上，保持整体和个人的发展，是体育教育专业课程发展的必经之路。

第二节 新形势下高校社会体育专业的改革与发展

自20世纪90年代初中国成立多所高等院校以来，经过20多年的发展实践、专业建设和人才培养，取得了不凡的成绩，社会体育专业成为仅次于体育教育专业的本科专业。当然，由于社会体育专业成立的时间很短，在发展过程中还有待解决的问题，从一些学者的研究成果中可以看到这一点。

当前，我国社会体育职业发展正处在新的形势下。2014年，国务院下发《关于加快发展体育产业促进体育消费的若干意见》，提出"将全民健身上升为国家战略，把体育产业作为绿色产业、朝阳产业培育扶持"。新形势无疑意味着新的机遇和挑战。在新的条件下，高校社会体育专业化如何走出发展的困境，解决发展问题，寻找发展机遇，实现良性发展，成为学术界必须思考的新课题。

一、确定社会体育专业人才培养方向

目前，我国高校社会体育专业人才培养的方向主要包括社区体育指导、健身健美、体育保健康复、社会体育经营管理、体育旅游等。在专业人才的培训方面，社会体育专业与相关专业，例如体育休闲、体育管理、体育经济等的差异规模不大，专业界线也较模糊，是造成社会体育专业遭受外部困境和职业发展困难的重要原因之一。因此，在新形势下，如何确定社会体育专业人才培养的方向，如何突出自身专业特色，是首先要考虑的问题。

社会体育专业人才培养方向的确定，首先要考虑到专业化的初衷。毫无疑问，社会体育专业化主要是为了培养发展社会体育所需的人才。而发展社会体育需要什么样的人才呢？当然，社会体育经营管理专业与社会体育培训指导并不是两个具体的培育方向，两者之间没有绝对的界限，高校完全可以考虑根据其资源优势和组织特色，确定社会体育专业人才的培养方向。目前，或许有必要将重点放在几个发展方向上：第一，经营商业健身俱乐部，商业健身作为体育产业的主体，无疑具有非常广阔的市场前景，这意味着需要大量的商业健身体育俱乐部经理；第二，体育场馆的营运，虽然我国的人均体育运动面积不大，但同时也有大量未启用的体育馆资源，如何善用体育资源，促进大家的健康，是一个迫切的课题；第三，开展公益性体育活动，开展丰富多彩的公益性体育活动是发展全民体育的有效途径，随着体育管理体制的逐步改革，公益性体育活动的组织将主要建立在市场化的活动模式上，培养高素质的公共体育经营者是社会专业发展的任务之一；第四，体育训练和辅导、职业训练和体育指导是实施全民体育战略的最重要保障之一，因此，发展体育训练和辅导仍然是我国社会体育专业化的重要任务之一；第五，健身教练，随着商务体育俱乐部的发展，无疑需要大量的专业教练；第六，体育社会组织管理，目前我国体育公益组织整体发展滞后，专业管理人才不足是一个重要原因，随着体育公益组织规模的扩大，对相关管理人才的需求将会增加。

二、创新社会体育专业课程内容体系

在我国许多院校中，社会体育专业通常是根据已有的体育教育、体育训练和人体科学课程等筛选组合，结果课程内容往往是对现有各专业课程的"辅助"，使其失去了特色。因此，新形势下要把人才培养与社会体育特色课程创新紧密结合起来，突出专业特色，提高人才培养质量。以下是三个培训领域的简要说明。

1. 假设以"管理商业健身俱乐部"的人才发展为导向，公共课程培训计划应包括英语、政治、职业道德修养等课程；专业基础课程应包括经济学、管理学、市场营销学等课程。此外，还应开设体育项目指导的选修课。

2. 假设以"健身指导"的人才发展为取向，公共课程培训计划应特别包括英语、政治、职业道德修养等方面的学习；专业基础课程应包括体育保健、运动生理学、解剖学、体育管理学、体育经济学等；选修课程应包括体能训练、健身、健美等。鉴于这方面的健康项目很多，因此应扩大选修课程范围，可根据学校的情况，有选择地开设瑜伽、普拉提、肚皮舞、跆拳道、爵士舞、拉丁舞等项目，以及游泳、羽毛球、网球等课程。

3. 假设以"体育场馆经营管理"的人才发展为方向，公共课程应包括英语、政治学、职业道德修养等课程；专业课程应包括经济学、管理学、市场营销学、广告学、会计学；选修课程应包括运动场馆设计、运动场馆项目开发与管理维护、品牌管理、财务管理、市场推广等。此外，还应开办大小球类、跆拳道、游泳等体育选修课程。

三、改革社会体育专业实践教学模式

目前我国高等院校的社会体育实践普遍存在实践时间不足、实习基地不稳定、实践指导技能参差不齐等现象，实际教学效果不太理想，不利于提高人才培养质量。社会体育专业化需要培养实践能力较强的人才，教学实践在人才培养体系中至关重要，教学实践成果直接决定人才培养质量。因此，改革社会体育专业的教学模式是新形势下的一项重要任务。

新形势下，高校要改变传统的"理论教学为主、实践教学为辅"的专业发展理念和模式，更加注重社会体育专业教学实践，提高理论教学水平。为此，有必要适度改变传统的社会体育学科教学实践，建立适应变化环境的新模式。应确保社会体育学科的教学贯穿整个教学过程，而不是在毕业周期之前的集中实践。"分散实践教学"是指每学期都会举办实操训练，例如与商业体育俱乐部合作，举办体育产品开发与设计、体育产品市场推广、体育体操与运动、健身健美、瑜伽、普拉提、肚皮舞、爵士舞、拉丁舞等课程。然后在每个学期的最后两周，学生都会在商务健身俱乐部组织实践课。此外，如学生愿意（即自愿），可在寒假期间安排实习。"学校实践教学"是在学校健身房、跆拳道、俱乐部、游泳池等中进行的实践教学；"校外实践教学"是指在校外建立多元的实践教学场所，为学生的校外实践创造有利条件。

四、培养社会体育专业学生创业能力

2014年，《国务院关于加快发展体育产业促进体育消费的若干意见》提出以下建议："到2025年，基本建立布局合理、功能完善、门类齐全的体育产业体系，……体育产业总规模超过5万亿元。"这意味着，在新形势下，我国体育产业将迎来巨大商机。但目前体育产业发展还不成熟，存在规模小、品牌知名度低、创新潜力低等问题。毋庸置疑，体育企业的全面发展是加快我国体育运动产业发展的重要环节，发展具有创业精神和开拓精神的专业人才是拉动产业发展的关键。

因此，在新的环境下，高校不但要考虑如何增加社会体育专业学生的就业机会，更要发展培养学生的创业精神，以刺激体育产业的发展，造就一大批创新型体育人才。建议将学生创业发展纳入社会体育专业人才培养计划和创业相关课程。可以考虑通过以下方式培养学生的创业能力。

1. 通过教授创业理论，提高学生对创业基础的认识，传达国家有关学生

创业和体育产业发展的相关政策规定，介绍体育健身企业建设所需的条件和程序，重点培养学生创业所需的创新能力、管理能力和市场开发能力。

2. 以讲座或论坛形式，邀请当地训练及实用基地及体育企业（主要是休闲体育企业）的负责人与学生交流创业的经验、心得及感受，并向学生介绍体育市场发展动态产业的重要信息。

3. 在实践教学的基础上，选择合格的专业管理人员担任学生的实践指导，培养学生的创业能力是实践教学的一项重要任务。

4. 可定期在学校为社会体育专业的学生举办创业研讨会，邀请已在创业活动中取得成功的毕业生参加，为学生交流思想和经验提供一个良好的平台。

5. 高等教育院校可考虑设立不同类型的社会及体育创业专项基金，对有创业意愿及创业潜力的学生进行资助，并在可行的情况下，为学生的创业发展创造条件。

五、联合相关专业协同培养方式

协同创新是我国高校在新形势下发展的重要方向。协同创新不仅是高校之间、高校与国有企业之间、企业和社会团体之间互动的发展趋势，也是各专业、各院系等共同发展的目标。在这一背景下，高校社会体育专业化的改革和发展也必须在协同创新的基础上进行，也就是说，要使高校社会体育专业化的改革和发展成为现实。

1. 校内协同培养

一方面，可将相关专业工作的教师分配到社会体育专业负责部分的教学工作。例如，综合性院校可以委托经济、管理、市场营销、广告、会计等专业的教师，或与经济与管理学院联合开课，有助于拓宽学生的视野和知识面。另一方面，可与其他院校合作开办社会体育专业选修课程，为学生自由选择课程创造条件，并鼓励和支持学生选择其他与专业有关的课程进行培养。

2. 校外协同培养

此外，在学校联合教学的框架内，以社会体育实践为基础，为学生提供经济与管理系的课外实践教学基地等专业的联合教学，使学生熟悉各类组织架构的运作方法，从而丰富学生的实践经验，提高学生的实践技能。

目前，我国已将促进全民健康的国家战略转变为高度重视体育产业的发展，这意味着我国社会体育专业发展面临新的机遇和挑战。随着我国社会经济和社会体育事业的发展，对社会体育专业人才的需求将会增加，如何培养高素质的社会体育专业人才是高校体育系需要考虑的问题。

第三节　休闲体育专业人才培养的问题与改革探索

随着《国务院关于加快发展体育产业促进体育消费的若干意见》的出台，将在扶持民生的基础上，在相关体育领域推出一系列改革和发展政策。休闲健身体育服务将成为国民经济新的重要增长点。该文件特别强调，到2025年，体育产业规模将超过5万亿，具有巨大的市场潜力。在此背景下，体育产业将迎来发展的黄金时代，整个产业的发展速度惊人。然而，根据相关研究结果，目前全球体育健身服务行业员工的水平和专业人才储备的现状已成为制约体育休闲服务行业大发展、大融合的重要原因。职业教育受高校学科和教育体系的限制，在满足当前体育产业门类丰富、层次各异的就业需求方面面临诸多挑战。

如何发展休闲体育教育专业已成为几乎所有开设休闲体育类专业高校面临的问题。作为一个特殊的专业，它应该根据社会需求进行"动态调整"，即当社会需求强烈时，休闲体育专业应该扩大学生数量，增加专业规模。然而，事实并非如此。

一、我国休闲体育专业发展的痛点

（一）学校培养环节

1.外来职业模糊和文化适应

休闲作为后工业时代的一种生活和生活方式理念，实际上是从西方传入的一个专业术语。1983年的《休闲宪章》强调："休闲是一种体验，是人们不完全自由地选择自己行为的时候，在一定的约束下进行的体验。"被称为休闲时间的运动或休闲体育活动显然不同于传统意义上的体育竞技和体育教育。

（1）就目的而言，人们进行休闲体育活动的目的性在于消遣娱乐；他们参加体育活动的心态愉悦放松，对体验价值的取向普遍优于对锻炼功能价值的取向；

（2）就参与时间的特点而言，它是"自由控制"，即"自由时间"，而不是体育课堂时间和竞技体育的训练与比赛时间；

（3）就消费性质而言，参与休闲体育的消费可能性很高，独立消费的情况很普遍，尤其是在购买服务和体验方面。

这三个明显的差异也有助于休闲体育的体验性、观赏性和景观性能够适应其他相关产业的发展，如旅游业、赛事和展览业。

在西方发达国家，工业化和城市化进程催生了占人口大多数的中产阶级。例如，在美国，20世纪50年代初，美国的中等收入家庭数量比第二次世界大战前增加了一倍，中产阶级家庭的数量约占全国人口的60％。一大批人摆脱了繁重的工作，有空闲时间和一定的经济实力来组织他们的休闲活动。因此，美国、加拿大、日本、新西兰和英国的许多大学都设有休闲专业。仅在美国就有数百所大学设有"体育、健康和娱乐"学院和体育系、健康系和娱乐系。此外，在许多欧美国家，大量的休闲体育活动在风景名胜区和国家公园开展。因此，发达国家还包括旅游、公园管理等专业在休闲领域的应用专业。

目前，我国休闲体育专业基本以体育学科为基础，如成都体育学院、杭州师范大学体育与健康学院、上海体育学院等。其培养目标是面向体育应用的人才，这就决定了其主要学科和应用能力必须以专业技能为基础。这实际上与欧美高等教育中的休闲专业大不相同。在我国休闲体育专业的初步建设中，定位是基于引进的理念。在我国休闲体育专业培训规范的初始阶段，曾经遇到东西方文化差异的问题。培养出来的专业人才缺乏传统体育的专业技能和应用能力，不具备相应的休闲专业的领导、组织和应用能力，不能满足我国相关体育休闲企业和社会对专业人才的需求。休闲体育人才的培养遇到了明显的适应性难题。

2. 课程设置与社会脱节，专业技术型高校教师匮乏

休闲体育作为一门新兴的应用性专业，其产生和发展是社会需求的体现。随着我国东南沿海地区，特别是珠江三角洲和长江三角洲地区经济发展水平的提高，许多地区的城市化进程进入了一个新阶段。就个体体育产业而言，其纵向发展表现出专业化、定制化和个性化的特点，而休闲体育的横向发展则表现出与其他产业的融合和互动。例如，从过去传统的健身房和游泳馆到今天的包括户外水上运动（皮划艇、漂流）、潜水运动（跳水）、空中运动（滑翔伞）、陆地运动（户外拓展、体能训练）等。

从新兴的应用型休闲体育专业人才培养的角度来看，这些体育项目，至少与休闲体育学校和大学的城市休闲体育发展相对应的项目，将不可避免地被纳入休闲体育课程。然而，从目前的休闲体育课程来看，大多数学校的专业技能课程与其他教育体育专业的课程相比，认可度很低。虽然有些课程是根据学校的特点开设的，但没有教师可以教授全部这些课程内容，因此他们不得不外聘教师，甚至选择放弃开设课程。

以高校现状为例，在培训计划中反映的众多课程中，真正能够实施和开设的课程并不多。由于招生规模的限制，开设太多的选修课可能没有足够的学生选修。如果只为部分学生开设专业课程，就会造成教育资源浪费和教育成本高的问题。此外，由于学校设施和设备的限制，许多球场的硬件条件无法满足球场的要求，例如高尔夫球场。就目前高校的员工制度而言，引进新兴项目教师也造成了重大障碍。高校体育专业的毕业生如果进入大学任教，需要非常优秀的技能。对于高薪的高尔夫、健身等项目，首先，高学历、高素质的人才

非常稀缺；其次，高校的薪酬水平不能满足这些项目对高素质人才的需求。因此，许多学校课程的开设只是为了考虑当前的教学情况，而不是培养学生对目标、社会需求和兴趣的导向。

（二）校外培养环节

1.休闲服务活动整体水平较低，中小企业过多，无法满足学生的职业期望

造成这种现象的原因有很多，其中一个是学生对职业发展和职业收入预期的评估。研究发现，休闲体育行业整体体育企业的地理位置和设计方式相对分散，企业之间缺乏必要的沟通和理解，规模小，市场供应的产品比较多样化，消费群体不稳定，消费者对休闲体育的参与还缺乏规划，企业的市场定位也不够明确。从企业规模、生物社会资本和员工角度来看，休闲体育企业规模小、员工少、兼职员工多、流动性高、市场进入壁垒低。整个体育产业特别是体育服务业的整体水平较低，这在我国各地区、各城市普遍存在。

对学生来说，虽然毕业后的收入水平对于工作量来说不是很高，但在工作保障、社会保障和社会地位方面具有明显优势，教师在寒假和暑假都会享受假期福利。目前，我国休闲体育专业的释放主要是应用型人才和从事体育服务业的人才。如上所述，休闲体育服务业在体育产业中的比重较低，以中小企业为主体，市场集中度较低；因此，从学生主观意识和家长主观指导的角度来看，休闲体育专业学生的职业认同低于教师，对传统教育专业的期望更高。

在实习阶段的处理中，无论采取何种形式，学生真正进入商业和体育行业都会有明显的不便。大多数专门从事休闲体育的学生基本上都处在学校环境中，与社会，尤其是企业没过多接触。因此，当在一个完全不同的教育环境中工作相对较长一段的时间后，学生们会对企业产生各种各样的怀疑，包括企业文化和企业制度，以及与员工、薪酬和沟通等有关的事宜。由于学生实习企业的经营状况、形式特点和实习岗位不同，实习工资和工作性质的差异影响学生对企业的接受和认可。当学校或企业无法消除学生对休闲体育企业实习的负面情绪时，他们的负面态度和行为会转化为对专业的怀疑和失望。因此，他们毕业后很可能不会从事休闲体育和体育相关行业。研究发现，休闲体育专业学生的专业对应率最低，学生从事休闲体育以外相关工作的可能性远高于体育教

育专业学生。

2.体育企业的营利性与人才培养公益性矛盾凸显

作为应用型专业，应用能力的培养必须在实践中进行，实践必须在休闲体育和体育产业的实际领域中进行。相关公司已成为实施实践和实践技能的重要单位。然而，无论是何种形式的实践技能培训，如果涉及进入企业进行实践培训，都会遇到企业营利性与教育公益性之间的矛盾，而且时间越长，矛盾越明显。以游泳俱乐部为例，游泳训练的旺季通常在夏季，在这一时期，拥有游泳教练资格的学生经常短缺。而实习期通常固定在秋季学期，这时却恰好进入了游泳训练的淡季。因此，当公司承担体育实习生休闲工作的基本工资时，无法组织他们的专业工作，实习生通常只能接到一些基本的维护性工作。同样的情况也发生在户外拓展项目企业中。企业不会根据人才培训实践的要求，只会将学生作为廉价劳动力，并做一些与专业技能培训完全无关的事情。这种实践不仅无法提高学生的应用能力，而且会导致学生对企业和专业的倦怠。在这个过程中，学校失去了控制和管理的实践基础。

二、休闲体育专业人才三方协同培养机制

休闲体育专业作为一门新兴的应用型专业，其人才培养的实质必须在于应用能力，应用能力决定了以社会需求为导向，注重责任、创新和实践，把社会评价作为人才培养质量的衡量标准。"校企合作"培养休闲体育人才的理念，在全国多所地方高校的休闲体育人才培养中已达成共识。然而，校企合作在实施过程中存在着种种问题，如缺乏第三方对企业的监督，合作只停留在实践层面，缺乏深入实践的产学研，等等。

随着我国政府职能转变为服务形式，必然要把重点放在公共服务、发展社会组织、解放思想等层面，更多地利用社会组织、行业管理协会，工业发展规划和其他职能。地方体育协会、企业管理、企业支持等行业组织的作用可作为企业与之间的第三方监管机构。

学校以休闲体育人才培养相关技能为主，负责学校规范性教学、专业技

能培养以及校外实践、实践管理和绩效考核。通过发展为中心的行业协会，制定了企业教学实践的规范要求，提出了企业推荐课程教师的选拔建议，使其能够参与学校教学，从而促进学生向知识和技能结合的转变。在就业阶段，通过对企业的初步检查和教育，促进学生在实习单位就业或与创业。在三管齐下的协同模式下，行业协会其实是担当中介的角色，有关的主管部门也可以代替。因此，在培养专业学生和行业身份的过程中，学校和企业之间的联系更加紧密。

（一）"双师型"教师介入学校培养

"双师型"教师是我国中高等职业教育体系中常用的教学体系。虽然"双师型"教师的定义尚未达成一致。但从双师与高校教师的差距来看，主要表现在实践经验上，专业技能优势大于企业技术人才，他们理论掌握相对较高，教学能力较强。在职业教育方面，双师是同时具备从事职业教师资格和专业资格的教师。建立一个能够适应高层次教育职业技术和实践教学要求的"双师型"队伍，是社会需要的高素质人才培养的关键，也是高等教育教师队伍建设的主流。

在高校中，发展双师型人才实际上是一种必然现象。随着一系列新兴专业的出现，传统的高校教学人才招聘和目前的人事制度根本无法满足这些新的应用需求。在发展一系列新的本科专业，包括在休闲体育领域，都遭遇了这一瓶颈。切合社会需要的课程，是高等教育院校的教师不能适应的，短期内也不能提供师资培训。因此，在新型应用专业的发展过程中，引入"双师型"教学成为解决这一矛盾的主要手段。

休闲体育专业是休闲时代兴起的新兴应用专业的典型，体现在新的就业水平和专业知识、新的应用能力和快速更新上。其相应的体育生活服务总体上处于快速更新期，专业群体成长较快，传统的体育生活精细分工加快，纵向精细化发展。以健身为例，以往的单一全能型健身教练已不能满足现代社会的训练需求。目前，设备齐全的健身中心由体能（健身）、有氧运动、体适能、康复保健等方面组成，种类繁杂。休闲体育专业人才的培训，如果是在当前范围内进行的话，便不能满足、提供这类多元化培训实践所需的场地和硬件设施。

如开办休闲体育专业课程的高校，本身设有高尔夫球练习场的单位很少，大部分须租用社会或其他学校的练习场。这既增加了开办课程的费用，也耗时不少。

目前，在休闲体育专业方面，最严重的问题是教师的适配和学校课程的参与形式。在三方协同培养的机制下，推进和落实双师建设更加合理高效。在双师型教师甄选阶段，学校会向专业协会或管理第三方有关企业提出建议，学校会根据这些建议挑选企业推荐的合格专业人员，根据具体需要和综合评估，以双师型机制为单位招聘教师。具体的教学形式可以部分参与并被课程所取代。例如，在健身俱乐部经营管理课程上，可以从健身俱乐部聘请管理人员，参与一些特定科目的教学。或者是利用一个短学期的时间组织学生到户外拓展业务，让优秀的实践教师到户外培训学生。这种"双师"教学骨干可以发挥创业人才汇聚、课堂服务学生的优势，企业人才集群的优势弥补了现有教学条件的不足。

（二）行业协会资助，从专业资质向能力转化

随着时代的发展，传统体育企业面临着产品升级、商业化、科技化、服务系统化、专业化的发展。与国外、港澳台地区相比，目前我国的体育生产企业、服务业从业人员的水平普遍较低，在专业技能、职业技能准入、资格认证等方面有很大的提升空间。在快速发展时期，人才差距很大，这就导致了企业用人的强烈愿望。因此，企业发展和吸纳潜在员工、共同拓展市场的意愿是显而易见的。

同时，在致力提高就业率及减低经营风险的同时，从事休闲体育专业的学生更愿意参与各类职业训练、专业资格及创业活动。休闲体育专业有关的技能培训的总费用水平差别很大。此外，除职业培训外，还有一系列的专业资格。学生往往感到无法应付资讯四分五裂和多元化的问题。特别是，某些类型的培训费用大大高于传统体育专业培训的费用。例如，美国的体适能资格证书（初级），从职业训练到鉴定，总费用超过1万元。而对于亚洲国家来说，体适能资格证书（初级），从培训到认证也需要大约3000元。而这两种培训费用无疑会给学生带来沉重的负担。

通过行业协会或营造有利于第三方创业的环境，可以建立一个平台，确定学生的技能、能力建设、建立创业伙伴关系和积累创业人才、扩大业务联系。例如，一名以体育俱乐部私人教练为工作重点的体育休闲学生必须通过适当的体能测试。他可以向专业部门提出申请，在专业部门核实的基础上，向协会第三方提出申请，然后协会将学生的信息、需求发给一批企业，如果有企业愿意支持他参加这类培训的话，可对学生发起面试，面试结束后双方签订扶持金额的合同，即获取职业资格证书后，需要在赞助企业进行一定时间的实习和实践培训。这种方式，在雇主和学生之间架起了桥梁，一方面有助于提高学生的专业技能和技能，另一方面也有助于将他们的专业资质转化为专业技能，为就业奠定坚实的基础。在促进企业发展方面也可应用类似的情况。

（三）协会监管下的实习运营

校企合作是休闲体育专业教育的重要模式。但是，企业与学校之间没有强制性的合作机制来发展最重要的实践环节。

如上所述，企业是以市场经济为主体，其活动主要以盈利为目标。虽然企业也有涉及社会义务和公益元素，但如果影响企业实现最大利益，其行为必然选择利益方向。休闲体育服务的中小型企业，考虑学生参与企业实习的直接或间接利益损失往往大多是被动接受实习生。实习单位会计算学生培训所需的成本及费用，以及学生在企业实习所需的必要费用，例如食宿、车补、劳务费、意外损伤的补偿或赔偿等。倘若发生实习单位条件恶劣，学生实习条件降低的情况，学校方面便会十分被动。

同时，休闲体育专业亦有多元化的体育活动，有很多就业机会，学生的就业趋势较开放。当前我国休闲体育服务业有大量中小型企业，没有任何一个企业可以大批量接收见习生，且为学生提供需要专业技术需求的工作。对于新的应用专业实践来说，最重要的环节反而成为最难的环节。

一个对行业熟悉的第三方参与实习组织、管理和监控的优势表现在以下方面。

1. 在选择具体的实习地点和实习基地时，可以推荐一些有一定实力和良好企业文化的公司作为备选方案。休闲体育专业在考虑和选择企业时，通常会花费大量时间进行沟通、参观和评估。这些工作通常由专业部门的教师执行，而大学教师对该部门的了解不够，这可能导致在选择实践基地时出现问题。

2. 学生实习地点和实习岗位的实施情况。由于学生的情况每年都不同，而且希望进入的业务类型也不同，可能集中在健身和健美，也可能是青少年体育训练，这将给传统的实习方式的组织带来极大的不便。的确，通过第三方的干预，这个问题可以得到更好的管理，丰富的企业类型和数量可以满足劳动力需求过度集中的情况。

3. 在管理约束方面，行业协会或管理第三方的干预将对公司产生一定的约束。

4. 在政策支持方面，许多体育协会或具有管理或更好功能的类似组织将有一定的政府支持政策。以杭州市体育休闲产业协会为例，它是杭州市劳动局认定的大学生实习基地，每个实习学生每月可享受1200元的实习补助金。这样，专门从事休闲体育的大学生在实习期间有了一定的经济保障，也降低了企业的就业成本。

（四）联合招聘协会的职位和类别有助于实践和就业

作为应用型专业培养出来的人才，休闲体育专业毕业生最终应该投身休闲体育相关产业的就业。然而，根据调查和走访发现，休闲体育的就业率和就业对口对应率并不高。休闲体育人才市场的需求在就业率上没有对称反映。传统就业似乎不是学生和雇主的有效平台。特别是与标准化、成熟的师范专业招生相比，休闲体育和体育产业的招生形式应更加灵活、丰富，招生岗位不仅要面向应届毕业生，还要面向在校年龄较大的学生。它应该更多地与平台建设、工作指导和教学联系起来。

传统的招聘和就业只通过学校与企业联系，会消耗大量人力，招聘部门收集业务信息也不是很容易，不可能全面掌握业务规模和业务情况。通过主管部门或类似行业协会职能的第三方，这部分资源可以在很大程度上得到节约，企业实际上可以根据需要按时参与。在搭建劳动博览会平台时，学校要求企业提供至少两种类型的场所，即全日制和非全日制场所，以动员更多在学校从事休闲体育的学生参与。在招聘组织中，要求学生分类展示自己的技能，使招聘会从"坐着说话"变成"抬头看"。同时，专业教师深入招聘会现场指导和教育学生，促进学生更好地了解行业，最终引导学生就业。从实施效果来看，供求关系实际上是需求大于供给，也就是说，只要专业毕业生想在与休闲体育相关的企业和行业工作，就会有更多的商业场所。同时，招聘会可以考虑组织即将进行专业实习的学生与实习单位对接，同时包括实习单位实习生的专业评估和技能。通过这种方式，实习和就业可以紧密结合。

休闲体育专业发展时间尚短。自其诞生以来，便出现了许多问题，包括引进专业的学科体系不明、适应环境与学校课程脱节、高校专业教师的专业能力陈旧、行业和学生专业的认可度低、企业规模小，在校外培训环节和企业的逐利性，或多或少都影响了学生的实践，缺乏有效的监督和沟通。研究发现，体育产业发展的新形势、转型期政府职能的现状、职能的分散以及新型应用型专业的发展趋势，为休闲体育专业人才培养改革提供了良好的社会环境和方向。通过第三方的有效管理组织，在"校内合作培训、提升应用能力、三方合作实践、多岗位招聘"的休闲体育专业应用中，企业与学校可以有效串联，形成四维联动培训模式，以实现从学校培训到就业的一站式三方合作与协调，有效解决当前休闲体育专业人才培养面临的主要问题，最终达到培养休闲体育专业应用型人才的目的。

第四节　新时代我国社会体育指导与管理专业发展的机遇与挑战

1998年，教育部发布的《普通高等学校本科专业目录和专业介绍》将社会体育列为体育五大专业课程之一。2012年，教育部发布的《普通高等学校本科专业目录》将社会体育专业更名为"社会体育指导与管理"（以下简称"社会体育专业"）。随着中国经济和社会的快速发展，社会体育专业取得了巨大进步：高校数量从1999年的20多所增加到2020年的284所。这一数字不仅反映了社会体育发展的强劲势头，也反映了我国社会经济发展对社会体育人才的迫切需求。然而，增加办学数量并不等于提高现有学校的质量。近年来，许多社会体育院校在人才培养、课程设置、学生就业等方面遇到了许多问题和困难，甚至一些高校陷入了困惑。因此，如何提高人才培养质量，如何确定专业方向，如何设置课程，如何发展专业特色，已成为社会体育专业的热点问题和健康发展的关键。

一、我国社会体育专业的发展机遇

（一）经济和社会发展的机遇

我国经济社会的发展影响着我国社会体育专业的发展，这对我国社会体育专业的发展具有决定性的意义。中国共产党第十九次全国代表大会报告强调："中国特色社会主义进入了新时代。中国社会的主要矛盾已经转化为人民日益增长的美好生活需要和不平衡不充分的发展之间的矛盾。"中国主要社会矛盾的变化凸显了中国经济社会的快速发展。2010年，中国成为世界第二大经济体。目前，中国人均GDP已超过1万美元，2021年国内居民恩格尔系数为29.8%。人均国内生产总值的增长和恩格尔系数的下降有力地促进了人们多层次、多样化消费的需求。健康消费需求已成为中国居民的第一消费需求。体育消费是健康消费的重要组成部分：从某种意义上说，没有体育就没有健康。建设健康中国，大力发展国内健身活动，为我国社会体育专业的发展提供了广阔的前景。

随着北京冬奥会的成功举办，以及《健康中国"2030"规划纲要》和《体育强国建设纲要》等一系列文件的出台，表明中国体育产业的发展已成为推动中国经济社会发展和实现伟大目标的重要力量中华民族的复兴。国务院办公厅发布的《体育强国建设纲要》强调，到2035年，经常参加体育锻炼人数比例达到45%以上，带动3亿人参与冰雪运动。《国务院关于加快发展体育产业促进体育消费的若干意见》强调，到2025年，体育产业总规模超过5万亿元，成为推动经济社会持续发展的重要力量。2019年，中国体育产业总规模近3万亿元，约占中国国内生产总值的3%，成为中国国民经济新的经济增长点。

以上数据表明，我国经济社会发展为社会体育专业的可持续发展奠定了物质基础；中国居民对健康和体育的消费需求为社会体育专业的发展提供了内生动力；全民健身活动和体育产业的快速发展，拓展了社会体育专业的市场空间；党中央、国务院的一系列文件为社会体育专业的发展提供了政治保障。因此，在新时期我国经济社会发展的大背景下，社会体育开创了历史上最好的发展机遇。

（二）高等教育发展的机遇

教育部部长原陈宝生强调，"一流本科是建设高等教育强国的根基。只有培养出一流人才的高校，才能够成为世界一流大学。在'双一流'建设中，要加强一流本科教育。'双一流'建设高校并不一定就有一流本科教育。"这里，陈宝生讨论了建设"双一流"的关系。为进一步加强一流本科教育和一流职业教育建设，近年来，党中央、国务院和教育部发布了一系列文件，颁布了一系列重要政策。

1. 一级专业建设

2018年，中共中央办公厅、国务院办公厅发布了《加快推进教育现代化实施方案（2018-2022年）》，教育部发布了《关于加快建设高水平本科教育全面提高人才培养能力的意见》。文件强调，办好我国高校，办出世界一流大学，人才培养是本，本科教育是根。专业是人才培养的基本单元，是建设高水平本科教育、培养一流人才的"四梁八柱"。以建设面向未来、适应需求、引领发展、理念先进、保障有力的一流专业为目标，建设1万个国家级一流专业点和1万个省级一流专业点，引领支撑高水平大学教育。

2. 一流本科建设

2019年发布的《教育部关于一流本科课程建设的实施意见》强调：全面开展一流本科课程建设，树立课程建设新理念，推进课程改革创新，实施科学课程评价，严格课程管理，完善以质量为导向的课程建设激励机制，形成多类型、多样化的教学内容与课程体系。经过三年左右时间，建成万门左右国家级和万门左右省级一流本科课程。2020年，教育部推出首批国家级一流本科课程，共计5118门，其中线上一流课程1875门，线下一流课程1463门，线上线下混合式一流课程868门，虚拟仿真实验教学一流课程728门，社会实践一流课程184门。

3. 建立课程和教材体系

中共中央、国务院发布的《中国教育现代化2035》强调，要加强课程教材体系建设，科学规划大中小学课程，分类制定课程标准，充分利用现代信息技术，丰富并创新课程形式。教材建设是高校教育的重要组成部分，是人才形成的思想体系和知识体系的载体。教材质量直接关系到人才培养的质量，越来越受到党和国家的重视。2020年底，启动了首届全国教材建设奖评选工作，授予10种教材"全国优秀教材特等奖"，200种教材"全国优秀教材一等奖"，789种教材"全国优秀教材二等奖"，99个集体"全国教材建设先进集体"称号，200名同志"全国教材建设先进个人"称号。

4. 大学专业教学质量国家标准

2018年，教育部发布了《普通高等学校本科专业类教学质量国家标准》（以下简称《国家标准》），涵盖了高等学校本科专业目录中的92个本科专业，包括587个本科专业。陈宝生强调"质量为王，标准先行"。教育部高等教育司司长吴岩强调，"重要的是'标准为先、使用为要'。立标准很重要，使用标准、让标准发挥作用更重要。决不能让标准束之高阁。"《国家标准》包括《体育教育国家标准》，该标准从培养目标、培养规格、课程体系、专业师资、教学条件、质量管理等方面对提高社会体育专业人才培养质量做出了规定。上述一系列国家文件和重要举措，充分体现了国家对大学教育和职业建设的高度重视，大学教育和职业建设已经走上了提高质量、发展内涵的道路。从"双一流大学"到"一流本科专业"，从"一流本科课程"到"构建教材体系"，再到《国家标准》的出台，为提高大学教育人才培养能力制定了一个庞大而详细的路径。作为体育领域的第二大专业，社会体育专业在新一轮大学教育和大学专业化推进的背景下开创了一个千载难逢的历史机遇。

二、我国社会体育专业面临的挑战

尽管中国社会体育专业在过去取得了巨大的进步，也恰逢历史发展的最佳机遇，但面对社会体育专业发展的现实，深刻反思存在的问题，在我国高校新一轮动态职业适应和极其激烈的职业竞争形势下，社会体育专业的发展面临着严峻的挑战，主要表现在以下几个方面。

（一）培养的目标和规格

人才培养目标和规格是人才培养的出发点和落脚点，在人才培养的各个环节中占有中心地位。《国家标准》确立了社会体育专业培养目标，如："掌握社会体育的基本理论和方法，具备体育教师能力、群众体育活动的策划和组织能力、体育产业的经营管理能力，能够胜任社会体育应用型人才"，并提出了三位一体人才培养的质量要求、知识要求和技能要求。然而，社会体育院校在人才培养目标和规格方面存在一些问题，如人才培养目标定位不准确，培养规格与行业需求缺乏关联，等等。

首先，《国家标准》把社会体育的主体放在应用型人才的培养上，但一些高校在培养目标上注重学生的科研能力，将人才培养定位于专业人才，强调对学生科研能力和科学教学研究的考核，混淆应用型人才和专业人才的内涵，偏离《国家标准》的人才培养方向。

其次，在人才培养规格方面有两种趋势。一方面，一些社会体育院校的人才培养规范对学生的知识和技能要求不明确，过于宏观和笼统，与国家体育行业职业资格标准没有有效衔接，导致学生无法胜任体育领域的相关专业。例如，一些高校普遍认为学生应该系统地掌握主要社会体育的基本理论和方法，具有较强的运动技能，但没有提出具体的员工培训规范。另一方面，一些社会体育专业开设的高校人才培养规格不合适。例如，一些高校建议学生的运动技能达到相当于二级运动员的水平，英语几乎达到四级，计算机达到一级，综合素质达到社会体育指导员的二级水平。社会体育专业的人才培养规格应以社会体育和中国产业对人才的需求为指导，以高校社会体育专业的方向为依据，明确高校社会体育专业人才培养的具体要求,培养社会和产业所需的社会体育专业人才。

(二)课程体系现状

课程体系是人才培养的载体,直接关系到人才培养的质量。《国家标准》的课程体系包括通识教育课程、职业培训课程(基础专业课程、必修专业课程、选修专业课程)和实践课程。目前,我国主要的社会体育课程主要存在着实践性课程少、技术性课程不足、技术性课程特色不突出等问题。

首先,实践课程很少。研究表明,社会体育专业的课程类型大致相同,但各课程类型所占比例不同。普通课程占20%~30%,基础职业课程占10%~38%左右,必修和选修职业课程占25.%~50%左右,完整实践课程占6%~24%。以上数据表明,实践课程在各类课程中所占比例最低,理论课程较多。然而,社会体育专业的学生主要面向社会体育方向和体育产业领域,具有较强的实践性特点。因此,社会体育专业必须增加实践课程和实习的比例,允许学生进入社区、体育企业、健身俱乐部和体育社会组织,通过各种形式的实践活动提高学生的实践技能和专业技能,为未来就业做好准备,更好地服务社会。

其次,技术课程不足。从高校课程设置来看,技术类课程的缺失是一个普遍存在的问题。研究表明,社会体育专业技术课程在职业培训课程中的比例在基础课中约为5学分,在必修课中约为16学分,在选修课中约为13学分,总和34学分左右。与国家规范要求的体育、运动训练、武术和民族传统体育运动技能课程相比,这显然不足40学分,难以支持社会体育专业人才培养的目标和规格。无论是健身教练、社会体育指导员还是体育赛事组织者,社会体育专业的学生在未来都必须具备较强的运动技能。因此,有必要在社会体育专业适当增加体育技术课学时,提高学生的体育技术技能。

最后,技术类课程没有特色。部分社会体育专业的技术课程与其他专业相同,地域特征不明显,训练方向偏离。例如,高校社会体育专业的技术课程(篮球、足球、排球、田径、武术和体操)与体育专业的技术课程相吻合;一些高校的技术课程没有充分利用区域优势,如冰雪资源丰富地区的学校没有举办冰雪运动课程；其他高校也有健身定向训练的方向，但其技术课程主要是"三大球"和"三小球"，与训练方向不一致。当然，许多高校和社会体育专业学校紧密结合专业管理设置技术科目，响应社会需求，紧跟时代潮流，开设了网球、瑜伽、攀岩、台球、羽毛球、高尔夫、健身操、跳水、冰雪运动等，以满足大众体育日益多样化的需求，体现社会体育专业技术学科的特点。

（三）人才培养质量

体育技能、就业率、用人单位反馈和研究生入学率能充分反映社会体育人才培养的质量。存在的问题主要体现在以下几个方面。第一，学生的运动技能总体水平较低。虽然国家标准要求学生应具有较强的专业技能，但由于社会体育专业技术课较少，受"重理论、轻技术"氛围的影响，社会体育专业学生的体育技术水平较低。第二，就业率低。2014年10月，教育部宣布社会体育方向与管理专业为2012年和2013年就业率较低的15个专业之一。近年来，随着毕业生就业形式的多样化，就业率有所提高，但毕业生就业不足的问题依然存在。第三，用人单位的反馈不高。相关研究表明，62%的用人单位认为社会体育专业毕业生在专业理论和技术水平上仍存在不足；17%的用人单位认为毕业生没有组织和计划的能力；13%的用人单位表示，毕业生未能掌握体育保健和康复技能；8%的用人单位建议毕业生提高社交技能。第四，入学率低。毕业生入学率也是反映人才培养质量的指标之一。根据2019年不同类型高校毕业生入学率数据，社会体育专业毕业生平均入学率约为10.59%，2019年同校体育专业毕业生平均入学率约为20.25%。以上数据表明，社会体育专业人才的培养需要在体育技术水平、就业率、入学率、理论专业知识、专业技能和组织技能等方面进一步加强。

（四）质量保证和监督

质量保证和监督机制是保证人才培养质量的重要措施。《国家标准》特别强调了"制定质量保证实施标准，建立信息反馈机制和监管改进机制，开展标准化、制度化的质量评估，建立毕业生监测反馈机制和社会评价机制，利用再培训及时改进人才培养质量监控和毕业生监控结果及反馈结果"。然而，许多社会体育院校在质量保证和监控方面存在着形式化、缺乏评价机制等问题。

一方面，大多数高校都开发了专家讲座、教学督导和学生评价等质量监控工具。但这些联系尚未实施，即使有问题，也往往是大事化小，监督停留在表面，没有真正发挥质量监督的作用。另一方面，一些社会体育院校强调申报、培训和就业，忽视毕业生的跟踪反馈和社会评价，导致人才培养与社会行业需求脱节，无法及时发现问题，改进培训方案，随之而来的是"闭门造车"现象。因此，建立和完善质量保证与监控体系是社会体育专业提高人才培养质量的重要途径。只有严格落实各项质量监控措施，才能在教学实践中发挥作用，实现制定保障和监控体系的初衷。同时，社会体育专业的主要特点是满足社会和行业的需求。只有打开大门，了解用人单位的实际需求，才能不断完善人才培养方案，改进教学方法，提高教学质量，培养社会体育所需的人才。

（五）学校管理的特点

《国家标准》鼓励高校根据当地文化、经济和社会背景，找准定位，发展特色，培养符合社会需求的体育专业人才。从社会体育专业高校管理的总体来看，人才培养的特点不明显，复制或完善《国家标准》是目前的主要问题。大多数高校将全民健身方向、体育活动组织规划、体育产业经营管理等《国家标准》中的人才培养作为社会体育专业的培养方向。专业方向趋于一致，必然导致培养特点不明确，导致社会体育专业与其他体育专业就业方向重叠。研究表明，社会体育专业毕业生的职业目标主要是中小学、体育企业和研究生，近半数的毕业生选择成为体育教师。专业特色的缺失削弱了社会体育专业人才培养的方向性，不能满足我国经济社会发展对社会体育专业人才的需求，也不利于社会体育专业自身的发展。此外，社会体育专业院校数量的快速增长也是缺乏突出特色的原因之一。数据显示，社会体育专业院校数量从2005年的144所增加到2015年的273所，增长率为89.58%，是增长率最高的体育专业。一些高校重视申请和再审批，轻建设，对社会体育专业人才的培养、社会需求和专业特点缺乏足够的依据。虽然缺乏突出特色是社会体育专业办学的普遍问题，但一些高校根据办学环境、办学条件和社会需求，形成了鲜明的专业方向，如沿海体育、高尔夫、冰雪体育、民航体育等，更好地满足了我国经济社会发展和人民群众体育需求。

三、我国社会体育专业的未来发展

展望我国社会体育专业的未来发展，要以建设全国社会体育"一流专业"为目标，全面提高人才培养质量，更好地适应我国经济社会发展的需要。因此，笔者以《国家级一流本科专业建设点推荐工作指导标准》（以下简称《标准》）为指导，展望未来我国重点社会体育的建设与发展。

（一）加强专业思政建设，提高人才培养质量

《标准》强调："全面落实立德树人根本任务，切实巩固人才培养中心地位和本科教学基础地位；加强专业思政建设和课程思政建设，把思想政治教育贯穿人才培养全过程；坚持以学生发展为中心，着力深化教育教学改革，全面提升人才培养质量。"这一内容是所有学科建设一流专业的首要内容，包括体育教育专业建设一流专业。之所以重要，是因为建设一流专业的目标是培养人才，而培养谁是建设专业的首要问题。也是社会体育专业建设的方向和必要条件。因此，如何全面落实立德树人的根本任务，将社会体育专业课程与思想政治教育内容有机结合，把以往社会体育课程与思想政治课程的"两张皮"有机地结合起来，是未来建设一流民族社会体育专业的艰巨任务和必要条件。

（二）明确专业定位，突出特色优势

《标准》强调："专业定位适应国家和区域经济社会发展需求、服务面向清晰，符合学校发展定位和办学方向。"这一内容在行业和地区，强调专业建设必须适应国家和地区经济社会发展的需要，具有明确的教育目标和突出的特色。目前，全国共有284所社会体育学校和大学，办学环境不同。在2019年和2020年国家一级专业建设中，作为体育领域的第二大专业，最大的社会体育项目在推荐和批准数量上落后于体育教育的主体和最大的运动训练。因此，如何根据区域经济社会需求确定专业方向，围绕专业方向设置课程，突出学校办学特色，将"区域经济社会需求""专业方向设置"有机结合起来，注重"课程开发"与"办学特色"，形成社会体育专业"四位一体"办学模式，是未来社会体育专业发展高层次设计的重要内容。

（三）加强内涵建设构建课程体系

《标准》强调："不断加强专业内涵建设，按照国家标准及时审查人才培养计划，科学构建课程体系"。内涵建设是社会体育专业永恒的主题。高校数量的快速增长暴露出许多弊端，人才培养质量受到影响。控制办学规模，提高人才培养质量，是新时期社会体育专业发展的必由之路。同时，根据《国家标准》和区域经济社会发展的需要，及时审查社会体育专业人才培养计划，根据社会体育专业办学特点，科学构建课程体系，特别注重学生实践技能和体育技术技能的培养，提高实践课程和体育技术课程的比重，有效地将人才培养与社会和产业的需求联系起来。

（四）培养先进教育理念，打造五类"金课"

《标准》强调："教育理念先进，以新理念、新形态、新方法推进新工科、新医科、新农科、新文科建设；不断加强课程和教材建设，教学内容更新及时，努力打造五类'金课'。""建设一流的社会体育专业与高等教育理念密不可分。同时，社会体育管理的广泛特点决定了它与新工科、新医科、新农科和新文科，即'四新'学科密切相关。""四新"学科为社会体育专业的发展提供了广阔的空间，指明了未来社会体育专业的发展方向。在社会体育教材建设方面，加快社会体育教材建设，改变五类"金课"落后于其他体育专业的被动局面，是未来社会体育发展的重要内容。

（五）加强师资队伍建设，提高队伍整体实力

《标准》强调："基础教学组织健全，教育教学科研活动广泛开展；专业教学团队结构合理，整体素质水平高；近三年未出现重大师德师风失范和学术不端行为。"社会体育专业要建设一流专业，师资队伍建设至关重要。当前，社会体育专业高校师资队伍整体比较薄弱，结构不合理；这就是为什么过去两年申请获得国家一级专业的社会体育专业学生的转学率较低，导致由社会体育专业开办的学院和学校数量增加，与公认的国家一级专业数量不成比例。因此，社会体育专业未来的发展必须加强专业师资队伍建设，通过"外引内训"建设一支专业水平高、结构合理、全球实力强的教师队伍。同时，积极开展社会体育专业教育教育活动，加强师德教育和教师学术水平教育，努力在新

一轮国家一流专业建设中有所发现。

（六）完善教育教学体系和质量监控与评估

《标准》强调："教育教学管理制度完善，专业质量保障体系科学有效；注重对校内外的评价结果进行综合分析，合理使用；毕业生持续跟踪反馈机制健全。"目前，社会体育专业在教育教学管理体系、专业质量保证体系、教学监控与质量评估机制、毕业生持续监控与反馈机制等方面存在问题，未能充分发挥正常的监督与评价作用。社会体育教育教学质量低下，导致人才培养质量低下的现状。因此，如何进一步完善社会体育专业教育教学管理体制，建立健全社会体育专业教育教学质量监督评价的规范化机制，注重校内外评价结果的综合分析和合理利用，以及毕业生反馈信息的持续监控，是社会体育专业亟待解决的问题。

（七）注重培养学生的综合素质，提高行业和社会的认知度

《标准》强调："本专业学生在省部级及以上各类重要学科竞赛中表现突出，毕业生的创新精神、实践能力和社会责任感强；本专业毕业生就业率、境内外升学率高，毕业生的行业认可度高、社会整体评价好。"从社会体育的实际情况来看，部分专业的毕业生就业率、毕业生入学率和毕业生评分都不高，表明社会体育专业毕业生的整体素质有待进一步加强。因此，在未来社会体育专业人才培养中，要注意培养学生的创新精神、实践能力和社会责任感，提高运动技能、组织能力，社会体育专业学生的沟通和领导能力，使他们成为社会和行业认可度高、全球素质优秀的社会体育应用型人才。

多年来，社会体育专业经历了"从无到有"和"从少到多"两次转变，实现了跨越式发展，成为第二大体育专业。新时期我国重要社会体育的主要目标是实现由弱向强的转变。站在"两个一百年"的历史十字路口，社会体育专业开启了又一个历史性发展机遇，但也面临着许多严峻挑战。因此，社会体育专业应以促进全国高校教育和专业建设的若干文件、国家标准和国家标准为依据，坚定不移走"内涵式"发展道路，不断提高社会体育专业建设水平和人才培养质量。

参考文献

[1] 张娜. DeSeCo项目关于核心素养的研究及启示[J]. 教育科学研究, 2013 (10): 39-45.

[2] 刘义民. 国外核心素养研究及启示[J]. 天津师范大学学报(基础教育版), 2016, 17(2): 71-76.

[3]《中国学生发展核心素养》总体框架正式发布[J]. 上海教育, 2016(27): 8-9.

[4] 钟启泉. 核心素养的"核心"在哪里：核心素养研究的构图[J]. 师资建设, 2016, 29(1): 20-22.

[5] 辛涛, 姜宇, 林崇德, 等. 论学生发展核心素养的内涵特征及框架定位[J]. 中国教育学刊, 2016(6): 3-7; 28.

[6] 陈思同, 刘阳. 加拿大体育素养测评研究及启示[J]. 体育科学, 2016, 36(3): 44-51.

[7] 赖天德. 试论素质教育与学校体育改革(上)[J]. 中国学校体育, 1998(1): 64-66.

[8] 余智. 体育素养概念研究[J]. 浙江体育科学, 2005(1): 73-76; 84.

[9] 李永华, 张波. 学校体育的使命：论体育素养及其提升途径[J]. 南京体育学院学报(社会科学版), 2011, 25(4): 99-101.

[10] 叶澜. 教育概论[M]. 北京：人民教育出版社, 1999.

[11] 岳辉, 和学新. 学科素养研究的进展、问题及展望[J]. 教育科学研究, 2016(1): 52-59.

[12] 于素梅. 学生体育学科核心素养及其培育[J]. 中国学校体育, 2016(7): 29-33.

[13] 胡曼玲. 追求体育学科核心素养的真实课堂: 兼评夏露执教的"技巧: 肩肘倒立"一课[J]. 江苏教育, 2016(增刊3): 148-150.

[14] 张亭, 唐景丽. 新中国基础教育体育课程改革走向的回顾与反思[J]. 武汉体育学院学报, 2016, 50(10): 96-100.

[15] 奥恩斯坦, 汉金斯. 课程论: 基础、原理和问题[M]. 5版. 北京: 中国人民大学出版社, 2010.

[16] 卫建国, 杨晓. 基础教育课程改革理论与实践[M]. 北京: 北京师范大学出版社, 2012.

[17] 高文, 徐斌艳, 吴刚. 建构主义教育研究[M]. 北京: 教育科学出版社, 2008.

[18] 杨明全. 传承与建构: 课程与教学理论探索[M]. 济南: 山东教育出版社, 2015.

[19] 欧阳康, 张明仓. 社会科学研究方法[M]. 北京: 高等教育出版社, 2001.

[20] 王东莉. 德育人文关怀实践论[M]. 杭州: 浙江大学出版社, 2015.

[21] 于素梅. 学生体育学科核心素养培育应把握的关键与有效策略[J]. 体育学刊, 2017, 24(6): 84-88.

[22] 尚力沛, 程传银. 核心素养、体育核心素养与体育学科核心素养: 概念、构成及关系[J]. 体育文化导刊, 2017(10): 130-134.

[23] 范燕莹. 世界著名教育思想家: 布鲁纳[M]. 北京: 北京师范大学出版社, 2012.

[24] 裴娣娜. 现代教学论: 第1卷[M]. 北京: 人民教育出版社, 2005.

[25] 陈小蓉, 顾渊彦. 大学体育课程改革[M]. 北京: 人民教育出版社, 2004.

[26] 李伟胜. 现成生活与可能生活[D]. 华东师范大学, 2003.

[27] 毛振明. 对体育课程整体设计(大中小学课程衔接)的研究[J]. 北京体育大学学报, 2002(5): 656-659.

[28] 刘昕. 我国学校体育课程目标的改革与重构: 兼论《体育与健康课程标准》[J]. 北京体育大学学报, 2005(11): 94-97.

[29] 马卫平, 严秋. 学校体育的文化视野: 课程设计的人学理念[J]. 北京体育大学学报, 2005(8): 1108-1109; 1112.

[30] 许世岩. 田径类课程设计的若干理论问题探讨[J]. 北京体育大学学报, 2005 (8): 1113-1116.

[31] 陆作生, 伍少利. 体育课程的编制[J]. 北京体育大学学报, 2004(4): 514-516.

[32] 孙国民, 于晓东. 体育课程内容选择的"过程——目标偏向融合模式"及其对大学体育课程相关改革的启示[J]. 北京体育大学学报, 2004(11): 1526-1528.

[33] 王登峰. 聚焦高质量发展全面加强和改进新时代体卫艺工作[N]. 中国教育报, 2020-12-14(1).

[34] 樊临虎. 体育教学论[M]. 北京: 人民体育出版社, 2002.

[35] 金银日. 城市居民休闲体育行为的空间需求与供给研究[D]. 上海体育学院, 2013.

[36] 黄明举. 从休闲体育的视角谈广西普通高校篮球教学的改革[D]. 广西师范大学, 2008.

[37] 杨彬. 多维视角下休闲体育的价值与发展研究[D]. 安徽师范大学, 2005.

[38] 赵颖. 海峡两岸体育院校休闲体育专业的发展和比较[D]. 浙江师范大学, 2013.

[39] 杨其冉. 论我国当代休闲体育文化价值的实现条件[D]. 华中师范大学, 2009.

[40] 喻坚, 孙有智. 我国城市休闲体育的现状、问题与对策[J]. 山东体育学院学报, 2007(4): 29-31.

[41] 焦现伟. 我国体育院校休闲体育专业课程体系研究[D]. 北京体育大学, 2014.

[42] 张良. 我国休闲体育的现状与发展策略[D]. 西南大学, 2010.

[43] 陈玉忠. 我国休闲体育发展的未来走向[J]. 上海体育学院学报, 2007(1): 9-14.

[44] 石振国. 现阶段发展休闲体育的理性分析[J]. 武汉体育学院学报, 2010, 44 (1): 60-64.

[45]曹仪卿.新"基本标准"视角下公共体育课程设置现状与对策[D].山西师范大学,2015.

[46]田慧,周虹.休闲、休闲体育及其在中国的发展趋势[J].体育科学,2006(4):67-70.

[47]张锐,李蓂.休闲体育的精神与追求:源于哲学的思考[J].北京体育大学学报,2014,37(7):12-17.

[48]罗林.休闲体育的认识深化及在我国的发展研究[D].苏州大学,2005.

[49]肖焕禹.休闲体育的演进、价值及其未来发展取向[J].上海体育学院学报,2010,34(1):6-11.

[50]詹华宁.休闲体育内涵辨析[J].体育学刊,2011,18(5):38-42.

[51]郭修金.休闲体育与休闲城市建设互动关系研究:以杭州、上海、成都为例[J].南京体育学院学报社会科学版,2011,25(5):28-31.

[52]袁明煜.休闲体育驻足中国的现实困惑与出路[J].体育学刊,2103,20(1):33-37.

[53]李洪国.制约我国休闲体育发展的困境探析[J].武汉体育学院学报,2013,47(2):47-51.

[54]邱亚君,梁名洋,许娇.中国女性休闲体育行为限制因素的质性研究:基于社会性别理论的视角[J].体育科学,2012,32(8):25-33.

[55]姜耘.中美休闲体育的比较研究[D].苏州大学,2003.

[56]陈帆.中美休闲体育相关本科专业课程设置的比较研究[D].上海体育学院,2013.

[57]卢锋.休闲体育概念的辨析[J].成都体育学院学报,2004(5):32-34.

[58]李晓东,彭钢.论我国高校休闲体育[J].武汉体育学院学报,2001(5):125-126.

[59]刘洋,王家宏.休闲体育专业人才培养的问题与改革探索[J].北京体育大学学报,2016,39(11):104-111.

[60]闫媛,张健.高校休闲体育存在问题与对策研究[J].贵州体育科技,2009(3):67-69.

[61] 邵伟德. 体育教学模式论[M]. 北京: 北京体育大学出版社, 2005.

[62] 高慧娟. 河南省普通高校公共体育课程设置现状及改革对策研究[D]. 郑州大学, 2011.

[63] 刘志红. 新课改下中学体育教学方法改革与实践[J]. 才智, 2012(34): 79.

[64] 韩波, 王舒, 周文生. 健身产业的发展与高校社会体育专业建设的关系[J]. 体育与科学, 2015, 36(1): 117-120.

[65] 宋德海, 刘路, 巢小春. 基础教育需求导向下高校体育教育专业课程设置对策研究[J]. 体育科技, 2017, 38(6): 118-119; 129.

[66] 吴健, 高明阳, 赵金巍, 等. 现行高校体育教育专业本科课程方案所引发的痛点与双创驱动下的优化策略[J]. 当代体育科技, 2018, 8(17): 128; 131.

[67] 张赫, 唐炎. 体育教育专业教师教育类课程存在的问题及其改进建议[J]. 体育学刊, 2017, 24(1): 110-114.

[68] 彭雪. 核心素养视域下高中思想政治课程教学实施路径探索[J]. 科教文汇(上旬刊), 2019(2): 141-142.

[69] 吴蓓. 基于核心素养的思想政治教育创新研究[D]. 安徽农业大学, 2018.

[70] 尚伟. 高校体育教育专业免费师范生培养方案的比较研究[D]. 西南大学, 2016.

[71] 戴静. 基于核心素养的大学生思想政治教育研究[D]. 重庆师范大学, 2018.

[72] 李卓. 体育教育专业学生"学会学习"核心素养现状调查分析[D]. 苏州大学, 2018.

[73] 侯典云. 基于高校实践的大学体育"双全"学习评价方案[J]. 科教文汇(下旬刊), 2018(9): 91-93.

[74] 孔祥宁. 体育教育与核心素养的对接和融合: 兼论体育核心素养和体育学科素养[J]. 四川体育科学, 2018, 37(6): 126-129.

[75] 王杰. 陕西省高等院校体育教育专业课程设置比较分析[D]. 延安大学, 2016.

[76] 尚伟. 高校体育教育专业免费师范生培养方案的比较研究[D]. 西南大学, 2016

[77] 马维平,许晓音. 社会体育专业培养目标定位与社会需求[J]. 体育学刊,2005,(4):71-73.

[78] 中华人民共和国教育部高等教育司. 普通高等学校本科专业目录和专业介绍[M]. 北京:高等教育出版社,1998.

[79] 杨叶红. 巢湖学院社会体育专业课程体系研究[J]. 巢湖学院学报,2012,14(3):147-150;157.

[80] 周爱光,杨忠伟,崔颖波. 我国高等教育社会体育本科专业人才培养的现状及展望[J]. 体育学刊,2011,18(2):5-9.

[81] 陈恩虎,吕君丽. 旅游管理学院"应用型"人才培养模式的思考[J]. 巢湖学院学报,2015,17(4):16-19.